1440分の使い方

ケビン・クルーズ
Kevin Kruse

木村千里 訳

成功者たちの
時間管理
15の秘訣

ets Successful
People Know About
Time Management

The Productivity Habits of 7 Billionaires,
13 Olympic Athletes, 29 Straight-A Students, and 239 Entrepreneurs

15 Secrets Successful People Know About Time Management
by Kevin Kruse

本書で学べること

読書やスポーツ、家族との団欒に使える「自由な時間」が毎日あと1時間、手に入るとしたら？　起業家、億万長者、オリンピック選手、オールAの学生たち288人への独自の取材と調査研究によって明らかになった、生産性向上の究極の秘訣とは？

- 先延ばし癖を克服する「タイムトラベル」
- 1週間につき8時間節約できる「3つの質問」
- 自分が本当に優先すべきものを見極める方法
- 毎日メールの受信箱を空にする方法
- 生産性が10倍になるE-3C方式
- ストレスを激減させる、リチャード・ブランソンの秘密兵器
- 罪悪感なく5時に退社する方法
- アップル、グーグル、ヴァージンの会議術
- SNSに気を散らされない方法
- 付録1：あなたの時間管理の特性診断
- 付録2：時間管理の名言ベスト110

購入者特典

本書を購入してくれた方へのお礼として、特別な贈り物（もちろん無料）を用意してある。今すぐ「http://www.panrolling.com/books/ph/ph58.html」にアクセスして手に入れてほしい。

①「億万長者のスケジュール表」（1ページ完結型のスケジューリング・シート）
②「超生産的な人々はここが違う！　15の驚くべき習慣」クイックガイド

さあ、あなたも、過労で追いつめられることなく、生産性を2倍にしよう！

目次

超多忙だったあの日、ニュージャージーの高速道路で

「免許証と車両登録証を出せ！」

午前5時20分。暗く寒いなか、ニュージャージーの国道1号線で警察に呼び止められ、路肩に車を寄せた。仕事に向かう途中のことだった。

「止められた理由はわかるか⁉」

なぜこんなに怒鳴る必要があるのだろう？

「スピード違反じゃないかと……」。声が震えた。

「スピード違反！」警官がかがみ込み、帽子のつばが窓の上端に触れた。じっと目を合わせてくる。「真後ろから追い上げてきて、すれすれのところでよけて追い抜いたと思ったら、そのまま行っちまいやがった。こっちは時速100キロで走行車線を走ってたんだ

ぞ」

　相手は覆面パトカーだったと言いたいところだが、そうではない。車は大きな白のフォード・クラウンビクトリアで、てっぺんには横長のライト。ドアには青と黄色の巨大な州警察のステッカーが貼られている。

　どうしてこんなことになってしまったのか、さっぱりわからない。車が近づいてきた記憶などまったくない。まして、明らかにパトカーとわかる車なんて。

　しかしどうやら、こういうことらしかった。寝ぼけた頭で仕事のことを考えながら、時速130キロ以上で車を飛ばしていたところ、州警察に出くわした。相手はほんの100キロ。私は何も考えずに車線変更し、パトカーの脇をすり抜けた。

「すみませんでした。ちょっと、その、ぼーっとしてたみたいで……」

「ぼーっとしてただと⁉」

「あまり寝てなくて、それで……」


　逮捕されずに済んだのは幸運だった。

　事故で誰かを殺さずに済んだのは、本当に幸運だった。

　これはもう20年前、私がまだ若くてバカだった頃の話だ。私は「超多忙」で、一日の労働時間も、そこに詰め込む仕事も増やしてばかりいた。朝5時に家を出て、深夜まで働いた。まともな食事をする時間はない。朝食は、車の中で食べるコーヒーとバタ―ロール。

昼食は抜き。夕食は立ったままむさぼる。

ダイエット・レッドブルをがぶ飲みしていたせいで、例の銀と青の缶を見る私のまなざしは、アルコール依存の人がワインボトルを見るときのまなざしそのものになっていた。レッドブルが私を呼んでいるように見えるのである。

高速道路でパトカーを追い抜いたあの瞬間は、間違いなく人生最悪のことをしでかしているにもかかわらず、その自覚すらなかった。しかし、この一件以外にも、自分をコントロールできなくなっているサインは以前からあった。

たとえばガソリンを入れた後のことだ。車を発進させたら「ガシャーン！」という音がした。ガソリンのノズルを抜き忘れていたのだ。ガソリンスタンドを爆発させずに済んだのは奇跡としか言いようがない。

また、その頃の妻はしきりに「もう、あなたと心がつながっている感じがしないのよ」と言っていた。今となっては妻ではなく元妻だ。

私が時間管理のど素人だったということではない。ベストセラーは片っ端から読んでいたし、ＴｏＤｏリストを駆使して、毎晩翌日のために優先順位を整理していた。一時期はノートを縦半分に分けて、１行に２個、35行で計70個のＴｏＤｏを管理していたのだ。

当時のことを思い返すと、恐ろしさとともに恥ずかしさを覚える。

ありがたいことに、今ではまったくの別人だ。

3人の子を持つシングルファーザーで、毎晩子どもたちの宿題を手伝い、たいていは夕飯までに帰宅して子どもたちと一緒に食卓を囲む。子どもたちの試合や大会、音楽の発表会はほとんど参観するし、まったく体育会系ではないものの、日頃から運動を欠かさず健康的な体重を維持している。さらに、時間をやりくりして、週2回は彼女と夜のデートを楽しんでいる。

仕事に関しては、コンサルティング業を営み、年2冊の本を書き、世界中で講演し、様々な新規事業や商業不動産へ投資し、その投資を統括している。

休暇もたくさん取る。去年は、単身でプエルトリコ、カンクン、ジャージーショアに行き、数回の週末をニューヨークで過ごした。娘の16歳の誕生日には娘を壮大な旅に連れ出し、バルセロナにマドリッド、牛追い祭りを見るためにパンプロナも回った。

これだけのことをこなしながらも、ストレスが溜まる、時間に追われる、気が滅入る、罪悪感に苛まれるといったことは滅多にない。ここが重要なポイントだ。自分が「超多忙」だとは全然思わないし、周囲の人に「超多忙」だとひけらかす必要性もまったく感じない。

嫌みな奴だと思うだろう?

私の時間管理とストレスに変化が現れ始めたのは、成功している友人たちに時間管理法を尋ねるようになってからだった。

すぐに気づいたのは、その友人たちが、古典的な時間管理の本で教えられているようなことを一切口にしなかったことだ。

私の好奇心は、たちまち探究心に発展した。ビジネスパーソンを対象に独自の調査を行い、様々な時間管理法が、生産性やストレス、幸福とどのように相関しているかを探った。また、何千人ものビジネスパーソンを対象とした研究にも資金提供した。その研究によると、時間管理のトレーニングによって生産性が上がったりストレスが減ったりするという相関は見られなかった。相関は皆無だったのだ！

次に、大成功した何百もの人々を取材した。たとえば、マーク・キューバンらの億万長者、有名実業家、シャノン・ミラーをはじめとするオリンピック金メダリスト、オールＡの成績を収めた学生といった面々である。

その結果、判明したことがある。大成功した人々はＴｏＤｏリストによる優先順位の管理などしない。複雑なメソッドに従うこともなければ、ロジック・ツリーを見ながら意思決定することもない。実は、時間のことは大して気にかけておらず、その代わり、価値や優先順位、継続的な習慣を重視しているのだ。

時間管理の方法は十人十色だが、共通のテーマは存在する。そのテーマに本気で取り組めば、たったひとつの「秘訣」でキャリアや人生が一変する可能性もあることに気づくだろう。


ケビン・クルーズ（ペンシルベニア州バックス郡にて）

1

1440の威力
——たったひとつの数字で人生を変えられるとしたら?

かつては、次のたった3単語の質問で、背筋に悪寒が走ったものだ。

「ちょっといいですか?(Got a minute?)」

たしかに、オープン・ドア・ポリシーは大事だと思っていた。たしかに、私は社長だった。たしかに、一部の人からは「細かいことにものすごくうるさい」と言われ、そのせいで、みんなからやたらと確認を求められた(この私が、である)。

当時の私は、デジタル学習企業の創業者兼社長だった。事業はすぐに軌道に乗った。収益は年々倍になり、それにともなって様々な課題が発生した。新人の雇用、販売、新製品の発売に、資金集め……。そしてドアがノックされ、「ちょっといいですか?」と聞かれるたびに、消火すべき火が増えていった。

アドバイスや助けを求めてくる人たちに罪はない。しかし、他人の優先課題や問題の解決で私の一日はつぶれていた。「ちょっと」と頼まれたはずの打ち合わせが、どうしても30分以上に延びるからだ。私自身の優先事項、つまり会社の戦略上の優先事項は、永遠に終わらない〝火急の〟相談という奔流に押し流されてしまう。

とうとう、私は紙に「１４４０」と大きく印刷し、社長室のドアの外側に貼った。他には何も書かれていない。何の説明もない。ただ、３００ポイントの太字のエイリアル体で、「１４４０」とだけ書いたのである。

私の「時間泥棒」撃退法

社長室に入るたび、「１４４０」と注意喚起する巨大な貼り紙の前を通った。チクタク、チクタク、チクタク……。時間に無頓着ではいられなかった。

しかし、事はそれだけで終わらなかった。部下が部屋の前で足を止めて、「ちょっといいですか?」と聞く。何だい? すると開口一番、こう尋ねてくる。「あの、『１４４０』って何のことです?」

私は説明する。私が時間の大切さを思い出すための、ちょっとした工夫さ。毎日を1分も無駄にせず、賢く「投資」すべきだからね。こんなやりとりのなかで、私は自分自身のことを言っただけなのだが、いつもの飛び入りの相談が急に短くなった。ある人など、私の説明を聞くと、「それでしたら、これ以上話す必要はありません。月曜日のチームミーティングで話せばいいとわかりましたので」と答えた。

どう考えても、「1440」の貼り紙が社員を逆上させたとしか思えない。「社長は機嫌が悪いんだ。もう話しかけないでくれってことだろう。とんだ偽善者だな。オープン・ドア・ポリシーなんて言いながら、あんな貼り紙で社員をバカにして」と思ったのだろう。

しかし貼り紙を続けるうちに、社員たちの違和感はなくなった。やがて社内では、「1440分しかないから」という声が、あちこちで聞かれるようになった。社員たちが、タスクに優先順位をつけたり、不必要なミーティングの誘いを断ったりしていたのだ。

一日は1440分

世の中のたいていの人は時間管理を改善したいと望んでいる。あなたもそのひとりなら、生産性が向上し、平日の時間が増えるようなアドバイスやツール、仕組みを求めていることだろう。

しかし、時間と生産性に関して言えば、重要なことはたったひとつ、戦術でも奇術でもなく、思考の転換だ。

自力で大成した大金持ちやプロスポーツ選手、オールAの学生をはじめとする成功者たちは、時間に対する考え方が違う。時間の使い方も違う。

■成功者たちの証言

「私は新しいプロジェクトを引き受けると決める前に、そのプロジェクトを分析する。自分の時間をどれくらい割くことになるか、金銭的な利益はどれくらい見込めるか、そして、1分あたりの利益も分析する。できれば1週間に100万ドルの利益が出るのが望ましい」

――ケビン・ハリントン（インフォマーシャル考案者、ベストセラー作家、テレビ番組「シャーク・タンク」〈訳注：アメリカ版「マネーの虎」〉初代出演投資家、アズ・シーン・オンTV創業者兼会長）

人生で特に貴重なものは何か、少し考えてみよう。実際に今ほんの少し時間を取って、本書から顔を上げ、目も閉じて、この世であなたが特に重んじるものをすべて思い浮かべてみよう。

どうぞ。

ちょっとした演習だが、実際にやってみただろうか？　読むだけで終わりにしないように！　教訓を身につけるには実際にやってみる必要がある。行動を変えるのは簡単なことではないのだ。受け身な読書では無理。さあやろう！

よし、いいだろう。あなたがよほどの変わり者でなければ、特に貴重なものとして配偶者や子ども、友人、健康、お金、そして時間を挙げたはずだ。

大成功した人々も同じようなものを挙げる。違うのは、時間をすべての中で最も重要な項目と位置づけていることだ。

一番は健康だと思っただろうか？　健康になることは可能だ。しかし、健康でも具合が悪くなることはあるし、具合が悪くなっても再び健康は取り戻せる。

お金は？　全財産を失う可能性もあるが、全財産を取り戻す可能性だってある。

友人？　もちろん大切だ。とは言うものの、もう連絡を取っていない大学時代の友人が何人いることだろう？　あるいは、結婚式に出席してもらったきり顔を合わせていない人たちは？　たしかに友人はかけがえのないものだ。しかし人は、友人を失ったり、新たな友人を作ったりを絶えず繰り返すものなのだ。

そう、パートナーはあなたのすべてだ。その一方、半数の夫婦が離婚し、多くの離婚者が新たな配偶者を得ているのもまた事実。突然、最愛の人が変わることもあるのだ。

しかし、時間はどうだろう。

失った時間は決して取り戻せない。

時間を消費してしまったから追加で手に入れよう、というわけにはいかない。時間は買うことも、レンタルすることも、拝借することもできないのだ。

時間は最も重要な貴重品

時間は、すべての人に真に平等に与えられた唯一のものという意味で、類いまれなものだ。世の中にはお金持ちに生まれてくる人もいれば、貧乏に生まれてくる人もいる。高学歴の人もいれば、高校を中退した人もいる。生まれつきスポーツの才能に恵まれた人もいれば、体が不自由な人もいる。

しかし、一日の時間はみな同じ。時間はどんな人にも与えられている、最低限の共通資産なのだ。

胸に手を当てて。

今回も実際にやってもらう必要がある。胸に手を当てて、鼓動を感じて。どくん、どくん、どくん。

呼吸を意識しよう。吸って、吐いて。吸って、吐いて。

さっきの鼓動は、決して戻ってこない。さっきの呼吸も、決して戻ってこない。そう、私はたった今、あなたの人生から3拍の鼓動を奪い、たった今、あなたから2回の呼吸を奪ったのだ。

しかしそれで、時間が逃げていく感覚を実感してもらえたなら、やった価値はあったと言える。

あなたはひょっとしたらこう思っているかもしれない。「はいはい、時間の重要性ね。もちろん大事だと思ってるから、この本を読んでいるんじゃないか。そんなこと、もうわかっているよ！」

しかし、その思いを生活の中で実行に移しているだろうか？

考えてみてほしい。自分がどれだけお金に気を配っていることか。お金を稼ぐためにせっせと働き、銀行口座のお金の流れをチェックし、最適な資産運用法を調べ、収入の増やし方を本で勉強し、お金を盗まれやしないかと気をもんでいる。

財布を外に置きっ放しにすることなど、絶対にない。キャッシュカードとパスワードをみだりに他人に渡すことなどありえない。

それなのに、私たちは概して、時間には無頓着である。時間は一番の貴重品だというのに、日常的に他人に盗まれるがままになっている。

あなたの人生を変える魔法の数字、それが１４４０だ。

ぜひ試してみるといい。紙に「１４４０」と大きく書いて、オフィスのドアに貼りつけるだけだ。ドアでなくても、テレビの下、パソコンのディスプレイの隣など、一番目につく場所ならどこでも構わない。そうやって、極めて限られた、非常に貴重な一日の時間を思い出すのだ。

なぜ秒ではなく分なのか

一日は8万6400秒。もしこの数字のほうが自分には効果的だと思うなら、時間の大切さを忘れないために、ぜひ「86400」と貼り紙をしよう。

だが個人的には、分に焦点を合わせたほうが効果的だと感じている。秒はあまりにも簡単に飛び去ってしまう。しかし分は違う！　たった1分で何ができるか考えてみてほしい。

私のフェイスブックページのメンバーに、1分でどんなことができるか尋ねてみたところ、次のような答えが挙がった。

腹筋を30回する／愛する人に、どれだけ好きか伝える／お礼状を書く／ヨガの「火の呼吸」をやる／初対面の人に自己紹介する／寄付する／すばらしいアイデアを考える／植物に水をやる／飼い猫をかわいがる／謝る／誰かに振られたり、振ったりする／りんごを食べる／水を1杯飲む／思い浮かべていた人にメールを送る／日光を浴びる／感謝していることを3つ書く／禁煙を決心する／フィードバックを返す／お茶のお湯を沸かす／ほほえむ／ポジティブなツイートをする／記憶に残る写真を撮る／体幹トレーニングをする／呼吸する。豊かさを感じながら吸い、感謝しながら息を吐く／空想にふける／

日記をつける／母親を抱きしめる／1回の、本当にすてきなキスをする／楽しかったことを思い返す／瞑想する／祈る……

大成功した人々は、時間の流れを感じている。1分に秘められた可能性を知っている。

■成功者たちの証言

「ただ次のように言っておこう。私の経験では、そういう習慣を身につけるために自分を制しているかどうかが、勝者と敗者を分ける。（中略）ビジネスゲームでキャラクターを作るとき、割り振れるキャラクター・ポイントが10ポイントあるなら、私は3ポイントを知性に、7ポイントは自制力に割り当てる」

——アンドリュー・メイソン（ディーツアー共同創業者、グルーポン共同創業者兼元CEO）

朝目が覚めたら、頭の片隅で「1440、1439、1438」とカウントダウンを始めよう。これで、大成功した人々の習慣を身につけるのがとても楽になるはずだ。

毎日1440分を実感できるようになれば、どんな人生が待っているだろう？

秘訣①

時間は、最も貴重かつ最も希少な資源。

！無料特典「『１４４０』ポスター＆リマインダーカード」→ http://www.panrolling.com/books/ph/ph58.html

2

適切な優先順位の重要性

——自分にとって一番大事なことをはっきりさせよう

あなたにとっての「1つのこと」は?

そもそも、あなたが追っているのは誰の夢なのか? 自分の夢をかなえるのに精いっぱいでないなら、他人の夢のために尽力することになるだろう。

1991年公開のコメディー映画『シティ・スリッカーズ』では、老齢のカウボーイ、カーリー（ジャック・パランス）がミッチ（ビリー・クリスタル）に人生の秘訣を教える。人差し指を立てて、カーリーは説く。「自分にとって大事な1つのことを見つけ、やり通せ」

しかし、この「一点集中」という考え方は、このコメディー映画よりもはるか前から存在する。次に挙げる古今の助言がその良い例だ。

- 「同時に2つのことをやるのは、どちらもやらないのと同じである」──プブリウス・シルス（古代ローマの喜劇作家）
- 「二兎を追う者は一兎をも得ず」──ロシアのことわざ
- 「最も重要なことを、他の些末なことの犠牲にするな」──ゲーテ
- 「この世界で成功するのは、一度に1つのことにのみ集中する人である」──オグ・マンディーノ
- 「自分が選んだ一点に全力を尽くせ」──ジョージ・パットン（アメリカ陸軍大将）
- 「『効率』とは物事を正しく行うこと。『有効性』とは、正しいことを行うこと」──ピーター・ドラッカー
- 「成功したければ一途であれ」──ビンス・ロンバルディ（NFLコーチ）

最も重要なタスク（MIT）を見極める

ミズーリ大学セントルイス校のテレーズ・メイカン教授は、時間管理、生産性、ストレスに関する画期的な調査を行い、それらを特に大きく左右するのは優先順位と仕組み（時間管理に関するテクニックや戦術の実行方法など）の2つであることを発見した。

簡単に言えば、最も重要なのは、何に専念すべきか、そしてどうやってそれをやり遂げるかが明らかになっていることだ。私の言葉で言い換えると、最も重要なタスクすなわち「ＭＩＴ（Most Important Task）」を常に把握していることである。

◇研究による証明

「日々のＭＩＴを明確にすることは、生産性だけでなく幸福感および気力の向上にもつながる」（ザ・クルーズ・グループによる２０１５年の研究より）

目標設定についてはありとあらゆる本が出ているし、私もいずれ一冊書くことになるかもしれないが、目標設定とは要するに、自分にとって最も重要なことを理解し、その達成に目下最大の影響を与えるであろう活動を特定することだ。

■成功者たちの証言

「オリンピックの約半年前からは、金メダルという最終目標につながるかどうかで、すべてを判断した。一日数回、ごくシンプルにこう問いかけた。『これをやったら、パフォーマンスが向上して金メダルに近づくか？』」

――ブリアナ・スカリー（アトランタおよびアテネ五輪の金メダリスト。サッカー女子アメリカ代表ゴールキーパー）

「私が気をつけているのは、むしろ適切な時間配分だ。今やろうとしていることは、私のミッションの一部か？　人の役に立ったり、人の役に立つための能力を向上させたりするるか？　この2つの質問をすれば、道を逸れることはまずない。私にとっては、これが時間と優先順位を管理する最善の方法である」

――クリス・ブローガン（ベストセラー作家、オーナー・メディア・グループCEO）

「私は常に、優先順位リストの一番上から取りかかる。最も重要なことに取り組まない週があったとしたら、その1週間は無駄だったということだ」

――ランディー・ゲイジ（ニューヨーク・タイムズ紙ベストセラー『Risky Is the New Safe』などの著者）

たいていの人は健康や富、人間関係に関する目標を立てるが、さらに精神面の目標や、慈善活動、余暇の目標を追加する人もいる。

どんな分野に注力するにしろ、昔から「目標は具体的に、評価できるようにせよ」と言われている。たとえば、ただ「お金を貯める」と書くのではなく、「年末までに5000ドル貯める」などと書くべきだし、ただ「やせる」とするよりも「2カ月で5キロやせる」などと具体的に決めるべきだ。

最大の目標が決まったら、次は、その達成につながる活動を洗い出す。そしてさらに、その中でも今この瞬間に最も重要な活動を特定する。

まだ目標が決まっていないとしても、目標設定で脱線してしまわないこと。むしろ、目標設定のマイナス面を指摘する専門家もいるくらいだ。そのうちのひとり、ＣＥＯコーチのピーター・ブレグマンは、目標を設定するのではなく、注力する分野を絞り込むよう勧めている。

私自身を例に取ると、本書を執筆している現時点で、今年の受動的所得を本気で増やしたいということはわかっているが、具体的にいくら増やしたいと決まっているわけではない。それにお金には困っていないため、目標金額を決める必要性も感じない。

とはいえ、受動的所得を増やすためには、書籍の執筆、診断テストやオンライン講座の制作など、実に様々な創作活動が必要であることははっきりしている。そこで私はこう問いかける。

「目標に近づくために、目下、最も重要なタスク（ＭＩＴ）はどれか？」

それは本書を書くことだ。本が完成したら、派生コンテンツを作る。そうやって売り物が増えたら、今度は、評判を広めるために販促資料やオンラインセミナーに取り組むことが、私の「１つのこと」になるだろう。いずれにせよ、目下のＭＩＴは本書の執筆である。

ＭＩＴは、職務や個人の目標によって大きく変わってくる。たとえば、新人営業マンであれば、売上目標を達成するために勧誘電話をかけること。ＳＥであれば、リリース日を死守するために特定のモジュールを修正すること。ソフトウェア関連の上級管理職であれば、新規アプリ開発のために新しいプログラマーを採用すること。学生であれば、次の試験で良い成績を残すために家庭教師を探すこと。専業主婦／夫であれば、夏休みの一家の恒例行事に備えて州立公園のキャンプ場を予約すること……といった具合に。

マーク・ピンカス曰く

ＭＩＴが決まれば、スケジュールを決めるのがぐっと楽になる。最重要事項が明確になっている以上、よほどの理由がないかぎり、それに時間を割くべきだからだ。

ジンガというソーシャルゲーム会社がある。おそらく「ファームビル」というゲームで最もよく知られていると思うが、最盛期には２億６５００万以上のアクティブユーザー数を誇った。同社ＣＥＯのマーク・ピンカスは明らかに、ＭＩＴをきちんと明確にし、それに半分以上の時間を割くことを信条としている。

■成功者たちの証言

「優れた商品を生み出したければ、労働時間の50％以上を商品開発につぎ込むこと。ユーザーや会社の利益になると言える正当な理由がないかぎり、講演依頼は引き受けてはならない」

――マーク・ピンカス（ジンガ共同創業者兼CEO）

朝のゴールデンタイム

MITを決めたら、それをスケジュール化して、一日のできるだけ早い時間に入れる必要がある。

デューク大学のダン・アリエリー教授（心理学・行動経済学）は、ほとんどの人は完全に目覚めてからの2時間が最も生産的で、最も認知機能が高まるとし、インターネット掲示板レディットの「何でも質問して（Ask Me Anything）」というスレッドで、次のように答えている。

人は一日の中で最も生産的な2時間を、たいして認知能力を要さないこと（ソーシャルメディアなど）に費やす傾向がある。これは実に残念な時間の使い方だ。この貴重な時間帯をきちんと活かすことができれば、ほとんどの人は、今よりもはるかにうまく本当の望みを達成できるというのに。

なぜ私たちはこのような過ちを犯してしまうのだろう。どうしてせっかくのゴールデンタイムを些末なタスクに費やしてしまうのだろうか。

たいていの人は、一日が始まると真っ先に、すぐできる簡単なことを全部やってしまおうとする。ひと晩分のメールすべてに返信し、郵便物の山を仕分け、注文書にサインして……そうこうしていると、すっかり生産的な気分になってしまう。「どうだ！　まだ朝の11時なのに、50件は仕事を片づけたはずだぞ」と思ってしまうのだ。

■成功者たちの証言

「一日の最初の時間帯は、自分の事業を構築するのに役立つ、最優先のタスクにつぎ込みなさい。それも一切中断せずに。メールや携帯を覗いたりしないで、世間が目覚める前にやってしまうことだ」

――トム・ジグラー（ジグラーCEO）

「まずクリエイティブな仕事に取りかかれ。リアクションする仕事はその次だ」

――ジョナサン・ミリガン（『The 15 Success Traits of Pro Bloggers』著者）

あるいは、一番やりたくない仕事を早朝にやる人もいる。いわゆる「カエルを最初に食べる」作戦だ。これは「気の進まない仕事がある場合、最初にそれを片づけよう」という意味の先延ばし防止のテクニックで、たしかに先延ばしを克服するには良いが、日頃からその方法でゴールデンタイムを使い切ってしまうと、むしろ非生産的になってしまう可能性もある。

■成功者たちの証言

「私は前の晩のうちに、やるべきことリストを作っておく。（中略）デスクの前に座ったら、メールをチェックする前にそのリストを片づける」

――アンドリュー・マコーリー（オートパイロット・ユア・ビジネス共同創業者）

一日の始めは、ほとんどの人にとって最も認知能力が高まる時間帯であるだけでなく、想定外の用事や緊急事態が発生しにくい時間帯でもある。

■成功者たちの証言

「朝は『実作業』のために時間を確保するようにしている。午前中は比較的集中しやすいのに対し、会議攻めになった後はそれがもっと困難になると自覚しているからだ。したがって会議はなるべく午後に回す」

――ネイサン・ブレチャージク（エアビーアンドビー共同創業者）

アリエリー教授の助言を肝に銘じて、車で出勤する間に、その日最初のコーヒーを飲もう。しかし職場に着いたら、ドアを閉め、電話が鳴らないようにし、メールもＳＮＳも閉じて、MITに取り組むべきだ。

■成功者たちの証言

「私は90分の『ジャム・セッション』をつなぎ合わせることで、一日（もしくは1週間）の予定を組んでいる。セッション中は1つの重大な優先事項のみに集中し、他のことは一切考えない」

──スティーブン・ウォスナー（ポッドキャスト「Onward Nation」司会者、プレディクティブROI社CEO）

「ひとつ気づいたことがある。私は午前6時から正午までが最も生産的だ。元気ではつらつとしていて、クリエイティブ。何かすごいことをやってのけるのは、そんなときだ。私はその時間帯に、他の人たちが丸1週間かけてやる以上の仕事量をこなす」

──クリスティーナ・デイブズ（『PR for Anyone』著者、PRフォー・エニワン®CEO兼創業者）

あなたのMITを見つけよう

- 起業家なら……四半期目標の達成に最も重要な「1つのこと」を特定しよう。

・管理職なら……年次の人事考課をする段になったら、どの目標が最も評価に響くか、はっきりさせてみよう。
・フリーランスなら……集客につながる「1つのこと」を明確にしよう。
・学生の場合なら……成績を上げるうえで最も重要な授業を1つ選んでみよう。
・専業主婦／夫なら……子どもの健康と発育に今最も重要なことを特定しよう（遊び仲間のグループを作る、サマーキャンプを選ぶ、音楽の家庭教師を探すなど）。

ではあらためて。あなたにとっての「1つのこと」とは？　あなたにとってのMITとは何だろう？

秘訣②　最も重要なタスク（MIT）を特定し、毎日、何よりも先に取り組む。

！無料特典「優先順位&MIT記入シート」→ http://www.panrolling.com/books/ph/ph58.html

3

ＴｏＤｏリストをやめる

——億万長者たちは、本当にＴｏＤｏリストを持ち歩いているのだろうか？

ビル・ゲイツやドナルド・トランプ、ウォーレン・バフェットが、ＴｏＤｏリストを長々と書いて、Ａ1、Ａ2、Ｂ1、Ｂ2、Ｃ1……などと優先順位をつけていると本気で思っているだろうか？

スティーブ・ジョブズが常にＴｏＤｏリストを用意し、一日に何回も「次は何だっけ？」と考えたりしただろうか？

ＴｏＤｏリストの問題点

ＴｏＤｏリストはむしろ、「消えることのないウィッシュリスト」と呼ぶべきだろう。

クリアしたいタスクを書き連ねただけで、いつになったら全部終わるのか、という具体的な計画がない。ここ数日、あなたのＴｏＤｏリストには、一体何件のタスクが居座っているだろうか。ここ数週間、あるいは１カ月ではどうだろう？

ＴｏＤｏリストの第一の問題は、数分しかかからない項目と、１時間以上かかる項目が混在している点にある。そのため、ふとＴｏＤｏリストを取り出し、「さて、次はどれを片づけるべきだろう」と考えると、たいていすぐ片づく項目、簡単な項目を選ぶことになる。しかしそれは、必ずしも最重要項目とは限らないのだ。

◇研究による証明

「ＴｏＤｏリストの項目の41％は永遠に終わらない」（出典：「The Busy Person's Guide to the Done List」、ＴｏＤｏ管理サービスサイト「アイ・ダン・ディス」）

第二の問題は、第一の問題に似ているが、ＴｏＤｏリストを作ると、重要なタスクよりも急ぎのタスクに安易に飛びつきやすくなることだ。まさにその理由から、私のＴｏＤｏリストには「２０１３年版の家族アルバムを作る」という項目が未だに残っている（実に２年も！）。ＴｏＤｏリストに毎年「結腸内視鏡検査」と書いておきながら放置している男性が何人いることだろう？

◇**研究による証明**

「ＴｏＤｏリストの項目の50％は当日に完了し、その多くは書き留めてから1時間以内に完了する」（出典：同右）

第三の問題は、ＴｏＤｏリストが不必要なストレスを生むことだ。たしかに、未完了のタスクを長々とリストにして持ち歩くのも、やるべきことを思い出すためのひとつの方法ではある。

しかしそれは、対処すべきタスクがまだたくさん残っていることを絶えず意識させられ、しつこく急かされることでもあるのだ。精神的に参ってしまっても不思議ではない。夜は疲れ切って倒れ込むような状態でありながら、ありとあらゆる未完タスクが頭に浮かんできて、不眠症に悩まされるかもしれないし、ストレスで体を壊すかもしれない。それも無理からぬことだ。

◇**研究による証明**

「未完了のタスクは自分の意思とは無関係な侵入思考（訳注：突然浮かぶイメージや考え）を引き起こす。これを心理学用語でツァイガルニク効果という」

スケジュール表に基づいて動く

大成功を収めた人々は、ＴｏＤｏリストは作らないものの、スケジュールは厳格に管理している。私は本書を書くために様々な取材や調査を行ったが、そこから特に一貫して感じたのは、本当にやり遂げたいことがあるなら、きちんと予定を立てなくてはならないということだ。

■成功者たちの証言

「スケジュール表を使って、15分単位で一日の予定を組みなさい。面倒に聞こえるかもしれないが、これをやれば効率性に関しては95パーセンタイルに位置することができる。スケジュール表にないものは片づかない。スケジュール表に入っていれば嫌でも片づく。約束だけでなく、運動、電話、メールなどの予定も、この方法で管理するのだ」

――ジョーダン・ハービンジャー（アート・オブ・チャーム共同創業者）

こうした理由から、超多忙な政治家や経営陣やセレブは、専任のスケジュール管理者を雇っている。また、成功している人々は「何か予定を入れる場合は双方の担当者を通してください」などと言う傾向がある。何を大げさなと思うかもしれないが、これもまた同じ理由によることなのだ。

■成功者たちの証言

「私は難しいことは考えず、あらゆることをスケジュールに入れる。ただそれだけのことだ。毎日やることはすべてスケジュールに入れる。ソーシャルメディア30分。メール45分。社外スタッフとの情報交換。じっくり考えて計画を練るための静かな時間。要するに、スケジュールに入れないことには何も片づかない」

——クリス・ダッカー（シリアルアントレプレナー、講演家、ベストセラー作家）

タスクはToDoリストではなくスケジュール表に入れる。なんと、たったこれだけのことで心が解き放たれ、ストレスが減り、認知能力が高まる。フロリダ州立大学の研究によれば、ツァイガルニク効果（未完了のタスクによって意識的・無意識的に悩まされる現象）は、タスクを達成するための予定を立てるだけで克服できるという。実際にタスクそのものを終わらせる必要はないのだ。

◇研究による証明

「予定は目標の達成確率を上げると同時に認知活動を削減する」（出典：「Consider It Done!」Journal of Personality and Social Psychology, 2011）

ＴｏＤｏリストの代わりにスケジュール表を使って生活を管理する上で、重要な考え方がいくつかある。

❶重要なことはすべて、やる時間を決め、スケジュール表に入れておく

この手法は「タイムブロッキング」もしくは「タイムボクシング」と呼ばれている。たとえば、健康を心から重んじ、そのために毎日30分のトレーニングをしようと決めたなら、ＴｏＤｏリストではなく、スケジュール表にそれを記入しよう。事業戦略として、顧客との親密度を高めることが重要だと考え、そのために一日に少なくとも２人の顧客と会話すると決めたなら、「顧客訪問」を日々の予定に組み入れよう。

■成功者たちの証言

「トレーニング中は、家族との時間、雑事、勉強、オリンピックに向けた練習、メディア出演といった様々なタスクのバランスを取るために、かなり具体的なスケジュールを立てていた。優先順位を決めないとやっていけない。（中略）今ではほぼ分単位でスケジュールをつけている。あなたも日々、そして毎日、目標に近づくための活動に集中して。一瞬も無駄にしないで」

――シャノン・ミラー（バルセロナおよびアトランタ五輪の体操女子アメリカ代表。計

7個のメダルを獲得）

❷重要な項目には一日のうちできるだけ早い時間帯を割り当てる

どんなに時間とスケジュールをコントロールしようとしても、放っておけない問題が「降って湧く」ことは誰にだってある。上司から会議に呼ばれたり、顧客からクレームの電話がかかってきたり、保健室の先生から電話がかかってきて息子を迎えに来るよう言われたり。当然、一日の時間が過ぎるにつれ、想定外の事態が発生する確率が上がる。

私自身、この問題にはひどく悩まされている。日課のトレーニングを午後遅い時間や夜に入れておくとたいてい、実際にトレーニングの時間になるまでの間に、特別に対処しなくてはならない他の優先事項が出てくるのだ。私の場合は基本的に、朝ランニングマシンに乗らなければ、ランニングをする確率はどんどん下がると心得ている。

❸目標は取り下げない

必要に応じて、予定を変えるのは構わない。たとえば、ふだんは正午から午後1時まで（つまり昼休み）をトレーニングに当てているが、月曜日は正午から始まる仕事のために飛行機で移動しなくてはならない、という場合は、トレーニングの時間帯を前か後ろにずらせばよい。

■成功者たちの証言

「こういう紙のスケジュール表を用意したほうがいい。携帯で予定を組むのも悪くはないけど、携帯には紙のような一覧性がないから」

――ウィル・ディーン（ロンドンおよびリオ五輪のボート競技カナダ代表）

❹「タイムブロッキング」した予定は、診察の予約だと思って対処する

つまり、それくらい重要だということだ。ほとんどの人は、自分で決めた予定をあまりにも簡単に覆してしまう。

たとえば、4時から5時までは会社で重要な報告書を書くと決めた後に、「相談したいことができた」という理由で同僚から15分くれと頼まれたら、どうするだろうか。反射的に「いいよ」と答えながら、報告書は45分で仕上げようとか、予定を15分遅らせようとか、何らかの方法で時間調整しようと考えてしまうのだ。

しかし、これが報告書の作成ではなく、病院や歯医者の予約だったとしたらどうだろう？　その時間を同僚に譲って、15分遅れで診察室に現れるだろうか？　そんなはずはないだろう。

■成功者たちの証言

「私にとっては、大きなカレンダーの載っている手帳を買うのが最も効果的な時間管理

法だとわかった。自分が押さえておくべきトピックは何か、その勉強に毎晩どれだけ時間が必要かを、手書きでまとめている」

——ケイトリン・ヘイル（カレッジ時代にオールAを獲得。現在はメディスン・アンド・デンティストリー・オブ・ニュージャージー大学に在学）

「私の場合、スケジュール表にないものは片づかない。逆に言うとスケジュール表にあるものは片づく。私は毎日、一日のすべての時間を15分単位でスケジュール化する。会議、資料のチェック、執筆、その他こなすべきことは何でも、そうやって管理している。会って話がしたいという人がいれば誰であろうとたいてい受け入れるが、そうした時間は1週間に1時間しか設けていない。予約はScheduleDave.comで受け付けている」

——デイブ・カーペン（ニューヨーク・タイムズ紙ベストセラー著者、ライカブル・メディア共同創業者兼会長、ライカブル・ローカル創業者兼CEO）

想定外の依頼がもともとの予定と重なってしまった場合は、「4時から5時は大事な予定が入ってるんだ。5時以降に話せないかな？　それか、明日の朝では遅いかな？」というふうに、ふだんから自動的に応対するのが一番だ。

実際にやってみればわかるが、想定外の用件を空き時間に入れられる場合も意外と多い。たしかに、自分にとって重要な人（たとえば上司や配偶者）から急に対応を求められることはあるだろうし、それがタイムブロックした予定より重要なのも事実だ。しかしそのような場合でも、ひとまず他の時間帯に入れられないか頼んでみてもいいのではないだろうか。

ジェフ・ウェイナーのバッファタイム

リンクトインのCEOジェフ・ウェイナーはブログで、「何の予定も入れない」時間をスケジュールに組み込んでいると説明している。

私のスケジュール表を見たら、グレーで塗られた、何も予定が書かれていない時間帯がたくさんあることに気づくだろう。アウトルックにもプリンターにも異常はない。これは「バッファタイム」、つまり意図的に会議を入れないようにしている時間帯だ。

私は毎日こうした時間を90分と2時間の2回に分けて設け、その間の時間帯に予定を入れるようにしている（1つを30～90分に分割して入れる）。以前は、立て続けの会議でスケジュールが埋まって、自分の周りで起きていることを処理したり、何かを考えたりする時間はほとんどなかった。そんな状況を解消するために、ここ数年で編み出した手法だ。

はじめは、何も予定を入れないなんて自分勝手すぎる気がした。その時間を、スケジュールに入りきらなかった会議や断った会議に充てることだってできたのだから。しかし時間が経つにつれ、こうした時間は、重要どころか自分の仕事をするのに必要不可欠なものだと実感した。

理想の1週間を設計する

スケジュール表を、人生を導く強力な武器に変える方法は他にもある。スケジュール表で理想の1週間を設計するのだ。

自分にとって理想的な1週間とはどんなものか考えてみよう。

フリーランスやコンサルタント、あるいはコーチなら、顧客から依頼された案件にまとまった時間を割くのはもちろん、新しいスキルを身につけたり、他人の仕事からヒントを得たり、自身のマーケティング戦略を考えたりする時間も必要かもしれない。

中間管理職であれば、チームメンバーをマンツーマンで指導したり、チームミーティングをしたり、ひとりで腰を据えて来期のことを戦略的に検討したりする時間を入れたいのではないだろうか。

また、職務にかかわらず、理想の1週間には（いや、一日のなかでさえ）、繰り返し発生する私用があることに気づく人もいるだろう。たとえば運動、家族との時間、ゆっくりする時間、趣味の時間などが挙げられる。

こうしたものを全部スケジュール表に載せ、定期的な予定にしてしまうのが、人生設計の正しいやり方だ。この方法は、自分に最大の利益と最大の喜びをもたらす活動を一貫して続けるのに、極めて効果がある。

私のスケジュール表には私の価値観が多分に反映されている。

- 私は健康を重視している。だから毎朝60分を運動の時間としてタイムブロックしている。
- 私はチームメンバーの指導を重視している。だから1週間を始めるにあたり、月曜日には、各メンバーから直接状況を聞くマンツーマンのミーティングをタイムブロックしている。
- 私はチームの団結を重視し、自己中心的な仕事スタイルを打破したいと思っている。だから週1回、全チームメンバーが参加するミーティングをタイムブロックしている。
- 私は執筆活動を重視している。だから毎週2〜3ブロックは何にも邪魔されずに執筆をする時間を取っている。
- 私は子どもの教育を重視している。だから夕食後の時間は宿題を手伝う時間としてタイムブロックしている。
- 私は心身のリフレッシュと新たな体験を重視している。だから行き先がまだ決まっていないとしても、3日以上の連休や丸1週間の休暇を年に何回か前もって予定しておく。

今から言うことを覚えておいてほしい。重要なのは、ＴｏＤｏリストを時間管理の第一手段にしないことだ。ＴｏＤｏリストの項目は永遠に消えない可能性がある。「至急対応しなくては」と思うようなタスクが絶えず割り込んでくるからだ。

そしてやり残したタスクをそうやって一覧にして持っていることが、潜在的なストレスの根本原因なのである。

ＴｏＤｏリストではなくスケジュール表を使ってタイムブロックする技が身につくと、週間スケジュールを見れば、まさに人生の優先順位が見えるようになる。

あなたにとって大切なことをタイムブロックしよう

- 起業家なら……毎週、顧客と直接話す時間、目標の評価基準を見直す時間、直属の部下を指導する時間をブロックしよう。
- 管理職なら……第一目標のための時間をブロックしよう。
- フリーランスなら……業界ブログを読んだり、新しいツールの使い方を覚えたりする時間をブロックしよう。
- 学生の場合なら……勉強会の時間や教師の在室時間をブロックしよう。

・専業主婦／夫なら……ジム通いや、毎週の用事、請求書の支払いのための時間をブロックしよう。

あなたもＴｏＤｏリストをびりびりに破いてスケジュール表に基づいて動けたら、どれだけストレスが減ることだろう？

秘訣③

ＴｏＤｏリストではなく、スケジュール表を見て動く。

！無料特典「億万長者のスケジュール表」→ http://www.panrolling.com/books/ph/ph58.html

4

先延ばし癖を克服する

——日頃のちょっとした心がけで先延ばし癖を克服できたら、人生はどんなに変わるだろう？

先延ばしの原因は怠慢ではない

皮肉なことだが、本章を書いている今この瞬間、私は先延ばしをしている。本当は、大手エネルギー会社から依頼された講演のため、リサーチと原稿作成をすることになっていたのだ。それなのに、こうして本章を書いている。モチベーションがないわけじゃない。3日で3講演に対して、5万4425ドルが支払われる予定なのだから、本来なら小躍りして大喜びで取りかかるところである。

だが困ったことに、半日かけてグーグル・スカラーを物色し、無味乾燥な学術論文を読み、説得力のあるスライドを作成するよりも、時間と生産性に関する本を書くほうが、私にとっては楽なのだ。それに、講演の準備は明日やればいいさ、と思ってしまう。

先延ばしとは、比較的簡単で楽しいことを優先し、重要だが気乗りしないことを後回しにすることを指す。メールやツイッター、フェイスブック、食事、テレビなどは先延ばしにうってつけの手段だ。

アメリカ心理学会のインタビューで、ジョセフ・フェラーリ博士は自身の研究結果を次のように語っている。

誰だって先延ばしすることはある。しかし私の研究では、アメリカ人の20%は先延ばしが慢性化しており、家庭や職場、学校、そして人づきあいにおいても、先延ばしを行っている。この20%の人々にとって、先延ばしは生活の一部なのだ。（中略）20%という数字に着目しよう。多くの人に知られている心の傾向としてうつ病と恐怖症の2つが挙げられるが、20%というのは、その患者数を上回る数値だ。

先延ばし癖を完全に克服するために、理解しておくべきことがある。先延ばしをしてしまうのはなにも、怠慢だからではない。そこには2つの原因が存在する。

①モチベーションが十分でない

かつ（あるいは）
②未来の理想より現在の願望のほうが強力であることを十分に認識しないまま、目標設定やタスクの洗い出しを行っている

私たちは実に様々なことを先延ばしにしがちだ。学校のレポート、営業の電話、明らかに必要な解雇、車庫の掃除……。

私が先延ばしにしがちなのは運動だ。運動以外であれば、人生のどの分野に関することであろうと、一度目標を決めたら先延ばしせず実行できる。しかし運動となると話がまったく違ってくる。そこでここからは、運動やトレーニングを例として、先延ばし癖の克服法を考えていこう。

◇研究による証明

「めったに先延ばしをしない人のほうが、高い生産性、幸福度、気力を申告する」（ザ・クルーズ・グループによる2015年の研究より）

［先延ばし癖克服法①］タイムトラベル

タイムトラベルはとても重要だ。なぜなら、人間は心理学でいうところの「時間不整合

性」のある生き物であり、それが、先延ばし癖の背後にある、万人共通の問題だからだ。

たとえば、「今週1週間はサラダを食べよう」と考え、スーパーでレタスを買い溜めしたとする。しかしこんな場合は決まって、2週間後に冷蔵庫の底で腐ったぬるぬるのレタスを発見することになる。

また、こんな例も考えられる。いつか絶対見ると思って、ネットフリックスのレンタル希望リストにドキュメンタリーやインディーズ映画を追加する。しかし、それがリストの一番上に来ることはない。結局いつもウィル・フェレルの映画を選ぶからだ。

私個人の例を挙げると、新しいトレーニング機材や豪華な体重計、健康食の料理本を購入し続けているが、まだ腹筋は割れていない。

「あとでやりたくなるはず」という思いとは裏腹に、人間には「現在バイアス」というものが存在する。そして実際にそのときになってみると（現在とは「そのとき」の連続だ）、お菓子やコメディードラマ、フェイスブック、猫の動画を選択してしまう。そのほうが楽で楽しいからだ。だいたい、先延ばしにしたことは午後から、いや来週から始めればいいし、最悪、新年に決意を新たにすればいいことではないか？

今この瞬間に最良の自分でいることがどれほど難しいか。その点を私たちは常に過小評価してしまう。

時間不整合性を克服するには、未来の自分と戦わなくてはならない。未来の自分は、今この瞬間の私たちを妨害しようとする。つまり最良の自分の敵なのだ。

私はこの戦いを、未来の自分をやっつけるためのタイムトラベルと捉えるのが好きだ。健康を例に取ると、まずこう考える。未来の私は健康目標をどのように妨害してくるだろうか？　どうしたら今の私はそれを阻止できるだろうか？

- 未来の私は、休憩中にキッチンでジャンクフードを食べて私を妨害するに決まっている。未来の私に勝つために、現在の私はジャンクフードをすべて処分し、一切家に置かないようにする。その後、代わりの軽食として、ベビーキャロットとフムスを買う。
- 未来の私は、一日のどこにそんなことをやる暇があるんだと言って、運動を邪魔するに決まっている。この事態を阻止するために、現在の私は、朝一番に運動を予定する。また、ベッドから出たらすぐに運動用の服に着替える。メールは運動が終わるまで見ないようにする。
- 未来の私は、さらにこんなセリフで追い打ちをかけてくる。「私は実はとても健康的なんだぞ。ショッピングモールに行く人たちと比べてみろよ。たいていはこっちのほうがましさ。血圧もコレステロールも問題ないしね」。これに対して現在の私は、彼女に協力を依頼する。ランニングマシンに乗らない日があったら脇腹の贅肉をつねってもらうのだ。いやはや、恥ずかしいやら悔しいやら！

私の友人は、未来の自分と戦うためにかなり思い切った手段を取っている。健康目標を追求するために、レストランでサイドメニューのフライドポテトが運ばれてきたら、間髪入れずに塩入れのふたを開けて、ドサッと塩を一瓶全部入れるのだ。友人が「フライドポテトを食べない」と決意したのは過去のことで、その意志は日常と化している。そんな意志の力を信用してはいけないと彼女は知っているのだ。5分経てば、未来の彼女は「1本だけ食べようかな」と言い出す可能性が高い。その後どうなるかは目に見えている。

あなたは未来の自分とどうやって戦うだろうか?

［先延ばし癖克服法②］いい思い・嫌な思い

朝になったら、「さあ、自分のプロジェクトに取り組むぞ」と勇んでベッドから飛び出しているだろうか? もしそうでないなら、結局のところ、その程度の夢しか抱いていないということ。自分の夢から十分なモチベーションを得られていないのである。

モチベーションとは、つまるところ、「いい思いをしたい」「嫌な思いをしたくない」という気持ちのことだ。そこで、いつも先延ばしにしがちな、きついタスクを片づけるために、そのタスクをやる意味について、次のような想像を交えながら考えてみよう。

「これをやったら、どんないい思いをするだろうか?」

「これをやらなかったら、どんな嫌な思いをするだろうか?」

健康を達成するための私の小目標は、毎日トレーニングすることだ。具体的には、ヨガ、筋トレ、マシンでのランニングを指す。私が本当に運動を実行するには、頭の中で「いい思い」と「嫌な思い」を存分に繰り返す必要がある。たとえばこんな具合だ。

「なぜトレーニングしたいのか?」
「かっこよくなりたいし、くっきりとした腹筋を手に入れたいから（男ならみんなそうだろう?）。それに、エネルギッシュでありたいし、心血管運動は脳の健康維持に役立つと信じているから」

ではトレーニングしなかったら、どんな嫌な思いをするか？　私はビール腹で締まりのない自分を想像する（想像するまでもないときもあるが）。それに、ヨガの鳩のポーズをやらないと感じる、あの奇妙な膝上の痛み。エネルギーのかけらもない、ぐうたらな負け犬の気分を味わう苦痛。しまいには、トレーニングをしないなんて彼女に失礼じゃないか、とさえ思えてくる。

こんな自己問答を日常的に行うのはやりすぎだと思うだろうか？　私は、やる気が出ないときは例外なく、この「いい思い」と「嫌な思い」について考えを巡らすようにしているが、日頃からこの問答をひととおりやっておくと、そういう思考が本当に身につきやすくなるのだ。

［先延ばし癖克服法③］ 説明責任を果たす相手を作る

幼なじみのカートは、成長してスポーツ心理学者になった。カートの話によると、ある人が運動習慣を維持できるかどうか予測する上で一番のポイントとなるのは、ともに運動をするパートナーの有無だという。

パートナーは、毎朝6時に待ち合わせして一緒にジョギングをするご近所さんかもしれない。時給50ドルで自宅まで来ておしりを叩いてくれる、プロのトレーナーかもしれない。毎日の昼休みのバスケットボールを楽しみにしている上司かもしれない。体重を毎週測らなくてはいけない、「ウェイト・ウォッチャーズ」のダイエット・プログラムかもしれない。そしてもちろん、ただあなたの状況を確認し、あなたの責任感を維持してくれる、学校の勉強仲間や親友かもしれない。

この方法が効果的なのはなぜか。それは、先延ばしをしても自分との約束を破ったにすぎないが、人との約束を破ったとなれば、はるかに嫌な気分になるからだ。

［先延ばし癖克服法④］ アメとムチ

私の知り合いには、アメが非常に効果的な人たちがいる。そのアメをコントロールするのは当の本人だというのに！

ある女友達は、新しい高価な靴を買うのはクレジットカードの返済を済ませたときだけ、と自分に言い聞かせていた。また別の友人は上等なワインを購入したが、体脂肪率が一定のラインに下がるまでそれを飲もうとしなかった。

とはいえ、「ニンジンをぶら下げる」だけでなく、ムチを使うことも忘れないようにしよう。人間の心理は、利益を望むよりも損失を恐れるようにできているのだ。したがって、目標達成時のアメを与える代わりに、目標未達時の罰則を科してもいいわけである。

たとえばスティックという健康支援サービスでは、「遵守契約」なるものを結べる。目標と罰則に加え、オプションとして、目標未達時に寄付する慈善団体を選ぶのだ。本書執筆時点で、様々な目標に対して総額１４００万ドル以上が懸けられている（訳注：２０１７年６月現在は３１００万ドルを超える）。

友人のジョンは最近、会社の同僚たちと減量のチーム目標を立てた。そして自分たちの政治観にとらわれず、１人１００ドルずつ出し合って、全員で合意した減量目標を達成できなければ、スティックを通じてそのお金を全米ライフル協会に寄付することにした。

もちろん、凝ったソフトウェアを使わなくてもこの戦略は実行できる。今すぐにでも友人たちと遵守契約を結べばいいのだ。１人につき１００ドル、もしくは自分にとって痛手となる金額を渡し、目標を伝える。もし途中で挫折したら、友人はそのお金を保管しておくなり、慈善団体に寄付するなりして構わない、という仕組みである。

［先延ばし癖克服法⑤］なりきる

なりきれ。この一言に尽きる。とにかく、なりきるのだ。

たしかに、この克服法は少々ハードルが高い。個人のアイデンティティーに関わってくるからだ。そして人はみな、セルフイメージに矛盾しないよう常に必死にがんばっている。タスクを回避する心理の裏には、多くの場合、自分がまだ目指している人間になれていないという根本的な問題が存在する。理想的な未来の状態を思い描くことはできる。しかし現状のほうが（たとえばソファに座ってテレビを見ているほうが）断然快適なときもある。

そんな場合は、理想的な自分になったつもりで自分に語りかけるといい。声に出しても、頭の中だけでも構わない。風変わりではあるが、非常に有効な戦略だ。

「私は健康的な食生活をしている」
「私はジョギングを習慣にしている」
「私は社内トップの営業マンだ」
「私は几帳面な人間だ」

「私はベストセラー作家だ」
「私は起業家だ」

このように自分に語りかけると、自らの価値観がしっかりと心に刻まれる。もしあなたがすでにジョギングを習慣にしているなら、今日ジョギングをしなければ気持ちが悪いし、違和感を覚えるだろう。作家なら、今日はパソコンの前に座って原稿を書くはずだ。それが作家というものなのだから。健康的な人なら、もちろんピザではなくサラダを買うだろう。

ただなりたい人物になりきるだけでいい。そうすれば、たとえ先延ばしにしがちな課題であろうと、やらなければ気持ちが悪いし、違和感を覚えるはずだ。

［先延ばし癖克服法⑥］妥協

始めることは意外と簡単でも、やり遂げることを先延ばしにしてしまう場合があるものだ。そんなときは、妥協策を立てるという技が使える。

5キロのジョギングを先延ばしにしている？　それなら、とりあえず運動服に着替え、外に出て、1ブロックを1周しよう。走り始める前は、それで十分と考えておくのだ。実際それで十分かもしれないし、1ブロック走り終わったら、もう少し続けようと思うかもしれない。

本を書いているが、いつまで経っても書き終わらない？　それなら、とにかくひととおりざっと書いてしまって、まずは下書きを完成させればいいではないか。そう、あとで修正することはいつでもできるのだ。

新製品をなかなか完成させられない？　たとえ完璧でなくても、とりあえず市場に出そう。四半期ごとに新しいバージョンをリリースし、完成度を高めていけばいい。

あなたが先延ばし癖を克服するメリット

- 起業家なら……先延ばし癖を克服すれば、安全地帯の外にあると感じることにも取り組みやすくなるのでは？
- 管理職なら……直属の部下に建設的なフィードバックをするのは難しいものだが、先延ばし癖を克服すれば、それを早めに実施できるようになるのでは？
- フリーランスなら……先延ばし癖を克服すれば、日々こなせる仕事の量が増え、もっと稼ぐことができるのでは？
- 学生なら……先延ばし癖を克服すれば、様々な科目の研究課題をもっと早く終えられるのでは？
- 専業主婦／夫なら……先延ばし癖を克服すれば、やっと家じゅうの部屋を片づけることができ、今よりもっと心が落ち着くのでは？

今週片づけるべきことはわかっているはず。あとはどうやってその先延ばしを防ぐかだ。

秘訣④

先延ばし癖を克服したければ、未来の自分に打ち克つ方法を見つけること。未来の自分は、正しい行動を取ると信用できる相手ではない。

！無料特典「見てわかる『先延ばし癖克服法』」→ http://www.panrolling.com/books/ph/ph58.html

5

罪悪感なく5時に退社する方法

──世界トップレベルの重要人物は、なぜ常に冷静で、ストレスフリーで、今を謳歌しているように見えるのか?

共和党の政治ストラテジスト、カール・ローブが、ウォール・ストリート・ジャーナル紙にすばらしい論説を書いている。

すべては2005年の大晦日から始まった。ブッシュ大統領が、君の新年の抱負は何だいと聞いてきたのだ。もともとは読書家でありながら、その習慣を失っていた私は、私の2006年の目標は毎週1冊本を読むことです、と答えた。その3日後、大統領は執務室で、じっと私を見つめて言った。「私は2冊目を読んでいるところだが、君は?」。ブッシュ氏は私の新年の抱負をたちまち競争に変えてしまったのだ。

はたして賭けの結果は？

年末、勝ったのは私のほうだった。110冊対95冊。私のもらったトロフィーは、ボーリングのジュニア大会で授与されるトロフィーのように見えた。大統領は弱々しく主張した。「私が負けたのは、自由主義世界のリーダーとして忙しく過ごしていたからだよ」

自由主義世界のリーダーに、年間95冊の本を読む時間があるというのか？

シェリル・サンドバーグは夕飯までに帰宅する

ビジネス界で大成功を収めたリーダーたちの習慣を見てみよう。

- フェイスブックCOOのシェリル・サンドバーグは、子どもたちと6時に夕飯を食べるために、毎日午後5時半に退社する。
- インテルの元社長アンドリュー・グローブは毎日8時に出社し、6時に退社していた。
- ヴァージン・グループの創業者リチャード・ブランソンは、400社以上からなる複合企業を統括しているにもかかわらず、常に個人所有の島をぶらついたり、冒険家としてすばらしい世界記録を打ち立てたりしているようだ。

どうだろう、衝撃を受けたのではないだろうか？　一体どうして、こんなことができるのだろう？

ブッシュ大統領の話を読んだとき、私はいたく感銘を受けた。アメリカ合衆国の大統領にはやるべきことが山ほどあることくらい、誰しも想像できるだろう。一日を終える頃になっても、電話会談をすべき外国の首脳陣はまだまだいるし、読まなくてはならないＣＩＡの説明資料もまだまだある。選挙運動資金の献金者のご機嫌取り、負傷した退役軍人の見舞い、有権者の決起集会。やるべきことはいくらでもある。そして任期終了までに残された時間は、刻々と過ぎていく。ブッシュ大統領は限られた日数の中で、後世に残る遺産を築いた。それでもなお、年間95冊の本を読めるだけの時間を〝見つけて〟いたのである。

キャンベル・スープのＣＥＯを10年間務めたダグラス・コナントは、かつては一日20通の礼状を出していたという。「フォーチュン５００」に数えられる企業のＣＥＯに課せられた数々の責任が、想像できるだろうか？　読むべきメール、折り返すべき電話、目を通すべき報告書、出席すべき会議が常にいくらでもあるし、将来のことも考えなくてはならない。それでも、ダグラスは20通の礼状を書くことで穏やかに一日を終えていたのだ。

私は、まだバカで若かった頃、複合企業の傘下の会社を経営していた。会社の売上は年々倍になり、いくら時間があっても足りない状態だった。できるだけ早く自室に戻るため、会社の廊下を文字どおり小走りしていた覚えがある。

しかし、ビジネスパートナーであり上司でもあったニールは、他にも11の関連部局を統括していたにもかかわらず、常にゆったりと立ち振る舞い、冗談や笑い話を口にする余裕もあり、地元のゴルフクラブで多くの時間を過ごしていた。
誰もゴルフをする暇なんてないだろうに、と私は不思議に思ったものだ。

罪悪感を抱かずにワークライフバランスを保つ

アンドリュー・グローブは、著書『HIGH OUTPUT MANAGEMENT』のなかで、罪悪感なしにワークライフバランスを保つ究極の秘訣を明かしている。

私の一日が終わるのは、疲れて帰り出すときであり、仕事が片づいたときではない。私の仕事が片づくことなど、決してないからだ。主婦と同様、経営者の仕事には終わりがない。やらなくてはならないこと、やったほうがよいことが常に無限にあって、やりきれる量を常に超えているのである。

これこそが秘訣だ。つまり……

今後も、やらなくてはならないこと、やったほうがよいことは常に無限にあるし、やりきれる量を常に超えている。

もうひとつ、いったん身にしみると人生が劇的に変わる可能性のある、シンプルな考え方を紹介しよう。

私はグローブの本を読んだときのことをはっきり覚えている。頭をガツンと殴られた気分だった。

あまりにも長い間、私はＴｏＤｏリストに支配されたまま生きてきた。「すまない、夕飯には帰れない。まだ例の報告書をやらないといけないから」。このセリフを何度言ったことだろう。

運動はまったくしない。三度の食事はほとんど抜きで、あとでファストフードをむさぼったものだ。私の人生は一次元で構成されていたが、その次元（ビジネス）でさえ、24時間体制のがんばりによって高みに立つこともなく、仕事に忙殺され、地べたを這い続けていた。

大成功を収めた人たちは、ＴｏＤｏリストの項目を減らそうと四六時中躍起になったりしない。むしろ、優先順位や、各々のタスクにかける時間について熟考したら、それでよしとするのだ。

ブッシュ大統領が週2冊の読書を重んじたのはおそらく、それがストレスを軽減し、見識を深める方法だったからではないだろうか。あるいは、純粋な楽しみだったとも考えられる。いずれにしろ、学びと心の充足が重要なタスクであることを認識し、〝火急の〟用件にその予定をつぶさせるようなことはしなかったのだ。

また、シェリル・サンドバーグが家族との夕食を重視し、それを常にスケジュールに入れているのは明らかだ。もちろん、フェイスブックの成功を究極まで拡大したいという思いはあるが、親子関係における〝成功〟のほうが彼女にとっては一層重要なのである。

リチャード・ブランソンは楽しみと冒険を非常に重視し、その価値観に従ってスケジュールを立てた。そして自分の数々の冒険を巧みに活かし、ヴァージンのブランドを確立させたのだ。

◇研究による証明

「常に一定の時刻に退社する人は、夜中に『神経が張り詰めている』と感じる可能性が低い」（ザ・クルーズ・グループによる2015年の研究より）

ひとりで何役もこなす必要はあるか

『The Fringe Hours: Making Time for You』の著者ジェシカ・ターナーは、本の執筆にあたり2000人以上の女性を調査し、「女性であることの一番の苦労は何か」を特に重点的に尋ねた。そこから見えてきた女性たちの共通のテーマは、ひとりですべての役をこなすことだった。

ターナー自身も身に覚えがあった。彼女は作家であるだけでなく、大人気ブログ「The Mom Creative」の運営者であり、夫を持つ妻であり、6歳に満たない3人の息子を持つ母でもある。そして、友情も大切にしようと努めている。

このように、ひとりで何役もこなさなくてはならない状態がいかに不健全になり得るか、ターナーは次のように説明している。

女性にとって、この「喜ばれたい病」は人生全般を破壊しかねない存在だ。私たち女性は生まれながらにして子育てをする。他者を助けたい、愛したいと思う。しかし時には、あふれる愛情からではなく、人に喜ばれたいがために行動することもある。

この現象は完璧主義という病と密接に関連している。自尊心を保つために他者からの評価に頼るのは危険である。

多くの人に驚かれるのだが、男性である私も、ターナーの説明には大いに共感できる。おそらくシングルファーザーで、家庭を維持することが習慣になっているためだろう。だからというわけではないが、私は本当にどうでもいい些細なことに、未だ多くの時間を割いている（問題はむしろ、その際に多大なストレスを感じる点にあるのだが）。

つい最近、資産アドバイザーから、「これから近くに行く用事があるので、ご自宅にうかがって資産の最新状況をお伝えしたいのですが」と連絡があった。このような申し出は手厚いサービスのしるしだ。ありがたい。

しかし、すぐに様々な思いが浮かんできた。ポットにコーヒーを沸かしておいたほうがいいだろうか？　冷蔵庫にコーラはあっただろうか？　いや、ダイエット・コーラを飲む人だったらどうする。そんなものが家にあったか？　話はキッチンですることになるだろう。となると、キッチンカウンターを掃除しなければ。猫アレルギーはあるだろうか？　猫たちは地下室に閉じ込めておいたほうがいいな……

たかだか担当アドバイザーの自宅訪問でこんなことを考えるのは、まったくばかげている。その理由は数え切れないほどあるが、主だったものを挙げてみよう。

①彼は私に雇われているのだ。報酬を払い続ければ、辞めたりしないだろう。
②彼は私について、キッチンよりもはるかに重要なこと（純資産など）を知っている。
③自分なりにではあるが、私は家をきれいに保っている。同じ男として、彼はその点に畏怖の念を抱いているだろう！
④彼は私と直接の面識があるのだから、私のことをもてなしの技術で評価したりせず、私の価値観や優しさで評価するに違いない。

礼儀をわきまえ友人を手厚くもてなしたいと思うことと、完璧でなくてはならないと感じることとは、また別の話だ。来客のために30分もかけずり回るのではなく、笑顔で出迎え、「お水をお持ちしましょうか?」と聞くだけでもよかったはずなのだ。
ターナーは著書で次のように書いている。

忙しくて自分の好きなことをする時間が作れない、ということは決してないはず。それは優先順位づけの問題にすぎないのだから。つまり、ふだんの一日の過ごし方を評価し、自分が尊重することに時間を捧げているかどうか。自分にとって本当に重要なことであれば、生活に組み入れる方法は見つかるものだ。

すべてやろうとしたら切りがない

やるべきことは常にいくらでも、どんな分野にも存在する。

- 常に、職場でやることはまだまだある
- 常に、整理すべき部屋はまだまだあるし、掃除すべきクローゼットもまだまだある
- 常に、庭仕事はまだまだある
- まだまだ、まだまだ、まだまだある!

そういうわけで、適当なところで切り上げる習慣を身につけなくてはならない。やるべ

きことは常にいくらでもあるのだから。

ひとたびこの習慣を身につければ、様々なことがやりやすくなったと気づくだろう。運動に取りかかるのも、まともな時間に家族の待つ家へ帰るのも、罪悪感を覚えることなく自分のために時間を使うのも、今より楽になるはずだ。

あなたの罪悪感をなくすメリット

- 起業家なら……やるべきことは常に山ほどあると理解すれば、家族や友人と過ごす時間を増やせるのでは？
- 管理職なら……やるべきことは常に山ほどあると理解すれば、もっとジムに通えるようになるのでは？
- フリーランスなら……やるべきことは常に山ほどあると理解すれば、新しいスキルの習得や将来の戦略のために、今よりも時間を使えるようになるのでは？
- 学生なら……やるべきことは常に山ほどあると理解すれば、完璧な成績でなくてもまずまずの成績で満足できるようになるのでは？
- 専業主婦／夫なら……やるべきことは常に山ほどあると理解すれば、一日1時間、自分のために時間を使い、読書や運動、スクラップ整理などができるのでは？

誰しもすべてをやることはできない。いつだって、やろうと思えばやれることはいくらでもあるからだ。この事実を受け入れられたら、どれだけ心が軽くなることか。

秘訣⑤

やるべきこと、やれることは、常に山ほどある。この事実を受け入れる。

6

成功者たちのノート術

——脳の負担を軽くすると同時に、すばらしいアイデアを忘れずにいられる方法とは？

ブランソンの最も重要な財産

サー・リチャード・ブランソンは、現代の最も有名な起業家と言って差し支えないだろう。今や４００社以上を擁するヴァージン・グループの創業者であり、その資産は４８０億ドルと報じられている。

どこへ行くにも持参するものは何かと尋ねられたとき、ブランソンは最重要アイテムとして、あるものを選んだ。２００６年5月5日のインタビューで、次のように答えている。

くだらないことのように聞こえるかもしれないが、常にズボンの後ろポケットに小さなノートを入れておくこと。これが最も重要だろう。私が旅行のときに持って行くものの筆頭は、そのノートだと思う。（中略）そうした数枚の紙切れなくして、ヴァージン・グループを現在の規模にまで発展させることは、決してできなかっただろう。

ブランソンはノートを取る習慣についてブログで詳しく語っている。曰く、「何か思い浮かんでもそれを書き留めなければ、翌朝には二度と思い出せなくなるかもしれない」。あるとき彼はビジネスを言い表すうまいたとえを思いついたが、手近なところにノートがなかった。そこで、取り急ぎパスポートにそのアイデアを走り書きしたそうだ。

億万長者オナシスからの助言

ギリシャの海運王アリストテレス・オナシスはかつてインタビューに応じ、「100万ドルの教訓」を伝えた。

常にノートを持ち歩き、何でも書き留めなさい。アイデアを思いついたら、それを書き留める。新しい人と出会ったら、その人について得た情報をすべて書き留める。そうすれば、書き留めたことにどれほどの時間をかける価値があるかがわかる。何かおもしろいことを聞いたら、それを書き留める。書き留めればその記述に基づいて行動することになり、書き留めなければ忘れる。これこそ、ビジネススクールでは教えない100万ドルの教訓だ！

ジム・ローンの3つの宝

自力で大成した大金持ちであり、伝説的なサクセス・コーチでもあるジム・ローンは日記をつける効果について頻繁に語っている。

富、実力、素養、健康、影響力、教養、個性といったものを本気で求めているなら、日記をつけなさい。

日記をつけることは大変重要だ。日記は次世代に残すべき3つの宝のうちの1つだと私は捉えている。（中略）

1つめの宝はあなたの写真だ。写真はたくさん撮りなさい。（中略）

2つめの宝はあなたの蔵書だ。あなたの教師となり、指導者となり、あなたの見解の後ろ盾となった、本棚にある数々の本のことだ。あなたが価値観を築く上でそうした本が役立った。あなたが裕福になり、実力者になり、健康になり、素養を身につけ、個性的になるのに、そうした本が役立った。（中略）

３つめの宝はあなたの日記だ。つまり、思いついた考えや、細心の注意を払って集めた情報のことだ。しかしこの３つの中で、私の教えをまじめに学んでいることがよくわかるものは、日記をつけるという行為である。

著名人20人のノート

ブログ「The Art of Manliness」には、20人の著名男性のノートを画像で紹介したすばらしい記事があり、マーク・トウェイン、ジョージ・パットン、トーマス・ジェファーソン、チャールズ・ダーウィン、アーネスト・ヘミングウェイ、ルートヴィヒ・ヴァン・ベートーヴェン、ベンジャミン・フランクリン、トーマス・エジソン、レオナルド・ダ・ヴィンチ、フランク・キャプラ、ジョン・ロックフェラーらのノートが掲載されている。

ノートの形態も筆致も実に多岐にわたるが、そのどれを見ても、偉大な思想家は所見やアイデアを（マーク・トウェインに限っては下品な冗談も）走り書きする手段を決して欠かさなかったことがわかる。

どんなノートがベストか?

では、どんなノートがいいのかという話になるが、人によって好みは様々だ。

- クリエイティブな世界にあこがれる多くの人々が使っているのが「モレスキン」の手帳だ。私自身も使っている。イタリア製の高品質な革表紙の手帳で、9~25ドルで販売されている。
- モレスキンの愛用者のなかには、「エコシステム」のノートに乗り換える人もいる。サクセス・コーチのマイケル・ハイアットもそのひとりで、再生紙が使われており、アメリカ製で、ページにミシン目が入っている、というのがその理由だ。
- 私が長年好んで使っていたのが、もう少し値段が張り、かなりやぼったいと言わざるを得ない、「ブーラム・アンド・ピース台帳」だ。ハードカバーで、300ページあるため長期間持ち、十分な厚さがあるため自立するし、本棚でも目立つ。また、非常に大きいため他のものに紛れてしまうようなことは一度もなかった。
- 作家であり起業家でもあるジェームズ・アルタチャーは、飲食店などで使う伝票を勧めている。伝票は1冊10セントで売られている。アルタチャーの説明によると、伝票はサイズがちょうどいい上、会話のきっかけとしても大変役立つし、自分が倹約家であることをアピールできるという。

リーガルパッドやルーズリーフを勧める人がひとりもいない点に注目しよう。この2つは、書類の山に紛れてしまうか、損傷してしまう恐れが非常に強い。それに対し、ノートは長期的に使えるよう設計されている。

■成功者たちの証言

「私は携帯用に、このモレスキンの小さなノートを使っている。トレーニングの記録をつけたり、仕事のメモを取ったり。自宅の本棚はひとつ丸々、古いノートでぎっしり埋まっている。過去の記録を遡りたくなることがしょっちゅうあるからだ」

——サラ・ヘンダーショット（ロンドン五輪のボート競技女子アメリカ代表）

「私は、主にバレット・ジャーナルを手帳として使っている。おかげで、アイデアや思考、予定を常に手元に置いておける。日々の記録はぜひともつけたほうがいい。生きるに値する人生は、記録に値する人生なのだから」

——アナリー・コーダー（作家、演説家、自己変革のエキスパート）

「アプリはとても便利で生産性向上に役立つこともあるけれど、私はモレスキンのエグゼクティブ・ダイアリーで予定を管理するほうが好き」

——ナタリー・マクニール（エミー賞受賞のメディア起業家、女性起業家向けサイト「SheTakesOnTheWorld.com」創設者）

パソコンではなく手で書く

ノートを取るなら、ノートパソコンやタブレット、スマートフォンよりも、紙ベースのきちんと綴じられたノートを使ったほうがいい。

こんなことを書くと嫌がらせのメールが届くかもしれないが、それでも結構。ただし、これだけは言わせてもらおう。失読症など何らかの学習障害があって、デジタル機器に文字を打ち込むことでしか記録を取れない人は、その方法でがんばってみよう。それは罪でも何でもない。私は、あなたたちに対する偏見を世間に植えつけようとしているわけではないのだ。

しかし、何をするにもデジタル機器を使いたがり、私のことを時代遅れのテクノロジー嫌いだと考える人には、ある非常に興味深い論文について考えてみることをお勧めする。２０１４年、サイコロジカル・サイエンス誌に発表された「ペンはキーボードより強し」という論文だ。

プリンストン大学の心理学者パム・ミューラーと、カリフォルニア大学ロサンゼルス校の心理学者ダニエル・オッペンハイマーが、３２７人の学生を対象に３つの実験を行った。最初の実験では、生徒たちにＴＥＤのスピーチを見せてノートを取らせ、30分後それに関するテストを実施した。すると、事実を問う質問に関しては、ノートパソコンを使った学生も手書きの学生も同じ点数だったが、コンセプトを問う質問に関してはパソコン使用者のほうが点数が悪かった。

パソコンを使った学生は、鍵となるコンセプトをメモするのではなく、スピーチをそっくりそのまま書き取っていた。その点に気づいた博士たちは、第二の実験で、自分の言葉でノートを取るよう、パソコン使用者に具体的に指示した。しかし結果は同じだった。手書きの学生のほうがメモの内容をよく思い出せたのである。

パソコンによる記録にも、ひとつだけ勝っている点がある。手書きよりも完全な記録をつけられるのだ。この点は、後日ノートを見返す必要が出てきたときに役立つ。つまり手書きに比べ、実際の講義内容に近い形で勉強できることになる。そこで研究者たちは第三の実験を行った。今度は1週間後にテストを実施し、テスト前に勉強時間を与えた。だがこの実験でもやはり、手書きの学生のほうが点数が高かった。

プリンストン大学とUCLA発のこの最新研究は、過去の発見を裏づけているにすぎない。手書きでノートを取る行為は、傾聴し、認知的な処理を行い、最後にそれを想起して記録するという、一連の活動を伴う。それに対してパソコンでノートを取る人々は、発せられた言葉をただロボットのように記録するだけで、頭脳労働によってそれを処理することがない。

もしノートをすべてデジタルで、検索可能な形で保管したければ、あとでスキャンして「エバーノート」に取り込めばいい。あるいは、iPadなどに手書きできるエバーノート用タッチペン「ジョット・スクリプト2」や、手書きメモが瞬時にアプリに取り込まれるモレスキンの「ライブスクライブ・ノートブック」を使ってもいいだろう。

私のノート活用術

モレスキンに関しては、意匠を凝らした様々な活用術が存在し、ページの端を切り取ってタブを作ったり、ラベルに凝ったりしている人もいる。しかし私の考案した、ケビン・クルーズ流モレスキン超絶活用術（たった今考えたのでしゃれた名前が思いつかなかったが、まあいいだろう）も、何らかのヒントになるかもしれない。

私の場合、ノートは複雑になるほど使う可能性が減るので、とにかくシンプルに使う。

①新しいノートを1冊買う（私は今またモレスキンを使っている）。手にしてみると、なかなか良い気分ではないだろうか？

②パイロットのG-2（極細）のジェルインク・ボールペンを何本か買う。安いし、書き心地もいい。シャーピーのエクストラ・ファイン・ポイントも私のお気に入りだ。

③ノートの表紙の裏に名刺を貼る。これで、会議室や飛行機にノートを置き忘れたとしても、〝良きサマリア人〟が届けてくれるだろう。「これを拾った方は、電話もしくはメールにてご連絡ください。ご返却いただければ謝礼をお支払いします」と書いてお

く人もいる。

④表紙の裏に今日の日付を書く。こうしておけば、特定の会議やイベントの記録を探そうとしたときに、対象のノートをさっと見つけられる。シャーピーでノートの断面に書くほうが好きだという人もいる。日付を確認するためにノートを開く必要すらないというのが、その理由だ。

⑤忘れたくないことは何もかも書き留めよう。クリエイティブなひらめき、書きたい本の新しいアイデア、設立したい会社、発明したい製品、新しいマーケティング戦略、家族へのプレゼント、将来の休暇の行き先、お勧めのレストラン、おいしいワイン、子どもにつけたい名前など、何でもありだ。すべてを書き留めておけば、何かを忘れて困ったりイライラしたりすることは二度とない。

⑥すばらしい助言や、インスピレーションをかき立てる言葉に出会ったときは、それが聞いたものであれ、読んだものであれ、ノートの後ろのほうに書き留める。そのために後部のページを空けておくと、そうした金言を一か所にまとめておけるし、あとで振り返りやすい。

⑦電話や会議の始めに日時と相手の名前を書く。そして、フォローアップすべきことや、交わした約束などはもちろん、電話や会議の中のことはどんなことでも書き留める。

⑧初対面の人たちとの会合では、名前を覚えやすくするために、テーブルの図を書き、それぞれの人の座っている位置に名前を書く。議事録は取るべきだが、すべての会話

を記録しようとしないように。あなたは法廷速記者ではないのだ。とにかく、重要な目標や行動、次のステップを書くようにする。要約するのだ。

⑨最後のページまで使い切ったら、表紙の裏側に完了日を書く。これも、ノートで本棚が埋まったときに、その中から目的の一冊を見つけやすくするためだ。

⑩本棚の過去の日記の隣にそのノートを並べる。全人生の詳細な記録、これにて完成！

⑪毎年元日に前年分の日記にざっと目を通すことを新しい習慣にしよう。そこから学び直すことがたくさんあるとわかって驚くだろうし、自分の進歩のすべてを思い出すことになるだろう。年内に再読したくなりそうな考えやアイデアがある場合は、現在もしくは次のノートに書き写しておけばいい。

また、私のノートには決まった記入形式がないので、ノートを見やすくするために省略記号を用いている。

- なるべく早くスケジュールに追加したい項目、すなわちＴｏＤｏには「□」をつける。
- あとでスケジュールに入れる項目には「○」をつける。
- 私から行動すべきフォローアップ事項には「！」をつける。
- 会議の最後に質問したい事項には「？」をつける。
- 会議や電話中に発生した重要な検討事項には「＊」をつける。

あなたがノートを取るメリット

- 起業家なら……ノートを使えば、同僚が会議で約束したことをすべて記録できるのでは？
- 管理職なら……ノートを使えば、1年間に達成したことをすべて記録できるのでは？
- フリーランスなら……ノートを使えば、クライアントの重要な問題を覚えておけるのでは？
- 学生なら……ノートを使えば、講義のポイントを記録できるのでは？
- 専業主婦／夫なら……ノートを使えば、日々様々なタイミングで発生するＴｏＤｏ項目をすべて記録できるのでは？　あとでそれを見直し、スケジュールに追加することを忘れずに。

重要なことをすべてノートに書き出すようになったら、どれだけストレスが減ることだろう？

秘訣⑥
常にノートを持ち歩く。

！無料特典「クイックリファレンス『ノートを最大限に活用しよう』」→ http://www.panrolling.com/books/ph/ph58.html

7

3210メール術

——メールの受信箱をすばやく空にし、本当に生産的な仕事に集中できるようにする方法とは？

メールは脳内スロットマシン

マッキンゼー国際研究所（MGI）が実施した調査によれば、オフィスワーカーは一日あたり2・6時間をメールの読み書きに費やしている。これは1週間に換算すると、週間労働時間である40時間の33％に相当するという（いや待て、言いたいことはわかる。今どき週40時間しか働いていない人などいない。しかし、それでもやはり、40時間というのが代表的な週平均労働時間なのだ）。

人々が職場でメールを送りすぎているのは明らかだ。しかも、仕事上のコミュニケーション手段としてメールが優勢である以上、それを無視するのは難しい。しかし、あなた自身も、メールがあふれないように自分の行動をコントロールする責任がある。

脳にとってメールはスロットマシンのようなものだ。メールだけでなく、ソーシャルメディアもすべて同じである。新着メッセージをチェックするときは、スロットのバーを引くときのように脳内に期待が生まれ、それが心地よく感じられる。たいていの場合は期待外れで、受信箱は空だ。だが時折、チーン、チーン、チーンと音が鳴る。その瞬間、「ほうら、おもしろい投稿が来た！」とか、「おや、5分あれば回答できる質問が上がったぞ！私はなんて役に立つ生産的な人間だ！」などと思う。

そして、メールというスロットマシンで3連チェリーが出るたびに、脳からは少量のドーパミンが放出される。あの快感といったら！　だから、繰り返しメールをチェックしてしまう。たしかに、受信するメールが多すぎるのは事実だが、あなたもその状況に責任を持って対処しなくてはならないのだ。

メールに振り回されない7つのステップ

❶メールニュースを解除する

ちょっと考えてみてほしい。その数々の通販サイトからのニュースは本当に必要だろうか？　そんなにころころと変わる日替わりセールのお知らせが？　キャッチーな見出しでクリックを促す拡散目的の〝ニュース〟が？

そうした企業すべてに、いちいち時間を寸断され、集中力を殺がれ、お買い得商品で関心を煽られてはならない。メールニュースは必死であなたを誘惑しようとするが、そもそも受信箱にいなければそんなことはできないのだ。

ただメール本文を調べて「配信停止」の文字を探すだけのこと。メールニュースはすべて解除しよう。あるいはUnroll.meというすばらしいサイトでは、破棄したいメールニュースを簡単に解除できるだけでなく、購読したいものは毎日1通、大きなメールとしてまとめて受信できる。

❷メール通知をオフにする

メールは本来、急を要するコミュニケーションに使うものではない。それに、一日に50～500通のメールを受信する人がほとんどであるこのご時勢に、メール通知を受け取るのはばかげている。通知は集中力や仕事のスピードを低下させるし、会議や会話の邪魔になる。着信音にしろ、携帯電話のバイブレーションにしろ、新着メールを受信するたびに現れる小さなポップアップにしろ、通知はすべてオフにしよう。

❸3210方式を取り入れる

メール処理の時間を一日3回（朝・昼・晩）だけにし、携帯電話のタイマーを21分に設定し、その時間内に受信箱のメールを0にするのだ。ゲーム感覚でトライしてみよう。あえて21分という短めの時間を設定しているのは、そのほうが集中力を維持しやすいからだ。また、だらだらと長い返信を書いたり、メールを読むうちにリンクをクリックして、すばらしく気が散るインターネットの世界に飛び出したりするのを防ぐためでもある。

❹瞬時に4つのDを適用する

メールを開くたび即座に、今やる（Do）、人に任せる（Delegate）、あとでやる（Defer）、削除する（Delete）のいずれかの行動を取ろう。

「あとでやる」を選択することは、「ただちにスケジュール表に追加する」と同義である場合がほとんどだ。つまりメールをスケジュール表（ＴｏＤｏリスト）ではない点に注意！）に文字どおり「移動させる」のである。

「削除」と判断した場合は、特殊な事情でもないかぎり、とにかくアーカイブしておけばいい。今は保管スペースが実質無限にある時代だし、あとで取り戻したくなったら検索機能を使うこともできるとわかっているのだから、ほとんどのメールに関しては、ためらいなくアーカイブへ移動できるはずだ。

以上４つのＤ以外に、Ｆ、つまりフォルダへの保存（File）も検討してみよう。個人的には、フォルダ保存はアーカイブの別形態にすぎないと思うが、あとで見つけられなかったらどうしようと不安を感じる人には、特に有効だ。

やり方は至って簡単で、まずフォルダを作成する。プロジェクト別のフォルダや、クライアント別のフォルダ、場合によっては「いつか返信」といったふざけたフォルダを作ってもいい。次に、関連のメールをドラッグしてそのフォルダに移す。すると、受信箱は常にすっきりきれいに保たれる。

■成功者たちの証言

「ともすれば、会議や電話、メールによって、一日が丸々分断されかねない。その後には、大志を成し遂げる時間などほとんど残っていない。（中略）自分に必要のない会議はキャンセルしなさい。メールは一日2、3回確認すれば十分だ」

――ジョーナ・バーガー（ペンシルベニア大学ウォートン・スクール経営学教授、『なぜ「あれ」は流行るのか？』著者）

「効果的な仕事の習慣をどうやって作り上げるか？　答えは簡単、自分のやることを他人に決めさせるのではなく、自分の思いに従って選択することだ。ただし、ほとんどの人は、ひとつのごく単純な（しかし恐ろしい）習慣を通じて、まったく逆のことを行っている。その習慣とは、朝一番のメール確認だ。（中略）これはつまり、その人たちの集中力とエネルギーは他人の指示した場所に向いており、本人が最も力を発揮したい場所には向いていないということである」

――ダニー・イニー（マーケティング教育企業ファイアポール・マーケティング創業者、『Engagement from Scratch!』『The Audience Revolution』著者）

❺転送やCC、BCCはよく考えてから

２０１３年８月９日付のウォール・ストリート・ジャーナル紙の記事によると、ロンドンを拠点とする電力会社インターナショナル・パワーが、メール転送やＣＣの追加をする前に「もう一度よく考える」よう上級幹部たちに促したところ、たったそれだけで、メール通信量が54％も減少したという。

誰もが情報共有のつもりで転送やＣＣの追加を行っているが、実際にはそれが情報過多の一因となっている。メールを送信したりＣＣを入れたりすれば、その分、自分の受信箱に返信が届く可能性が高まる。送信するメールを減らせば、受信するメールも減るのだ。

❻件名を活用して、必要なアクションを示す

件名欄には、メールのタイトルだけでなく必要なアクションの種類も入れるのが理想だ。そうしておけば、受信者側のメール処理の時間を減らせるし、受信者も同じようなメールを返してくれるようになるだろう。具体的には、タイトルの前にメタ情報を入れる。いくつか例を示そう。

・【参考】タイトル：形式的な情報展開にすぎない場合は「参考」と明示する

・【○日までにご対応を】タイトル：自分の監督下にはない受信者に向けて、何らかの対応が必要であることを示す場合に使う。自分の監督下にある受信者に指示を与える場合は「○日までに要対応」を使う。

・【返信不要】タイトル：「ありがとうございます」「おもしろそうですね」「来週チェックしてみます」のような、よくありがちなご丁寧な返信を削減するのに役立つ。

・タイトル（本文なし）：私のお気に入り。件名欄に直接、超短文のメッセージを入れる。最後に「本文なし」を付けることで、内容はすべて件名に含まれているからわざわざメールを開く必要はない、と伝える。

❼メールは常に短く、ごくごく短く

短いことは無礼ではないと心得よう。むしろ相手の時間を（そしてあなた自身の時間も）尊重している証拠だ。

最近では、「パソコンのメールも携帯のメールと同じように捉えよう」と勧める動きさえある。たとえばfive.sentenc.esというサイトでは、すべてのメールを5行以下にし、最後に詳細説明のサイトに誘導するメッセージを入れるよう勧めている。

■成功者たちの証言

「なぜ10単語で済むことに１００単語も使うのか。メールにしろ、報告にしろ、プレゼンにしろ、売り文句にしろ、簡潔なほうが効果的な場合もある」

——ナオミ・シムソン（レッドバルーン創業者、『Live What You Love』著者、テレビ番組「シャーク・タンク・オーストラリア」出演投資家）

「メールは常に簡潔にまとめよう。私はもう10年以上、メールを3行にまとめるよう訓練してきた。余計なことは省いて最も核心的なポイントだけを残す。すると自分の時間も相手の時間も節約できる」

——ライアン・ホームズ（フートスイート創業者兼ＣＥＯ）

10分で受信箱を空にする方法

友人のクリスティーヌの受信箱にはメールが1万件あるが、大部分は未読だ。あなたも身に覚えがあるのでは？

クリスティーヌと同じ状況に陥っていると気づいたら、ただちに「受信箱ゼロ化」に取りかかったほうがいいだろう。本章で説明したメール管理のステップを適用するのは、そのあとだ。

受信箱ゼロ化のお勧めの方法は、次のとおり。

①48時間以内に受信したメールに対処する
②「古いメール」というフォルダを作成する
③受信箱に残っているすべてのメールを「古いメール」フォルダに移す
④なんとこれで、空の受信箱で一から再開だ

ほとんど反則じゃないかって？　そうかもしれない。

新しいフォルダを作らなくても、メールを全部アーカイブすれば済むんじゃないかだって？　そのとおり。

しかし、それならなぜ、これまでにメールを削除するなりアーカイブするなりしておかなかったのだろうか？　なぜ受信箱ゼロ化から始めなければいけない状態だったのだろうか？　二度と見つけられないような貴重な情報が含まれているかもしれないから、というのが大方の回答だ。

どうやら、アーカイブ機能を信用していないか、その使い方を知らないようだ。それなら単純な解決法として、自分自身で名前つきのフォルダを作成して、メールをすべてそこに移してしまえばいい。ぜひお試しあれ。

あなたがメールを減らすメリット

- 起業家なら……受信箱を常にきれいにしておけば、ストレスが減り、収益をもたらす活動にもっと時間を割けるのでは？
- 管理職なら……メールに割く時間を減らせば、極めて重要な優先事項にもっと時間をかけられるのでは？
- フリーランスなら……メールに割く時間を減らせば、スキルを磨くための時間をもっと増やせるのでは？
- 学生なら……たぶんメールはそれほど使わないだろう？
- 専業主婦／夫なら……受信するメールニュースを減らせば、もっと生産的に過ごせるのでは？

さて、今日からでもメール確認を一日3回以内にできる状態になっただろうか？

秘訣⑦

自分の生活に他人の優先事項を割り込ませるうってつけの方法、それがメールだ。受信箱はきちんと管理すること。

！無料特典「インフォグラフィック『３２１０方式で受信箱を空にしよう』」↓ http://www.panrolling.com/books/ph/ph58.html

8

グーグル、アップル、ヴァージンの会議術

――会議時間をすぐに3分の1に減らすには、どうすればいいか？

最近すばらしい会議に参加した、だって？　まさか、そんなことがあるとは。会議というのはたいてい、恐ろしく非計画的で、円滑さに欠け、非効率なものだ。

プロジェクト管理システムを提供するクラリゼンが２０１５年に行った調査では、35％の人が、週次の進捗会議は時間の無駄だと回答した。

もし12人が「時間の無駄」な会議に１時間出席していれば、実質12時間の無駄ということになる！　つまり12時間分の生産力の損失であり、しかもその時間は、違う手段であれば数分で済んだはずの情報を提示・検証しただけになりがちだ。

それにもかかわらず、ハーバード大学のナンシー・ケーン教授の推定によれば、アメリカでは一日に１１００万件の会議が開かれているそうだ！

会議がどうしようもない理由

会議の大半はなぜあんなにも、どうしようもないのだろうか？

開始が遅れるから

社会人としてあるまじき素行の結果であれ、まさに立て続けに会議が詰まっている人が多いせいであれ、会議はたいてい遅れて始まることになる。5分か10分は過ぎないと会議が始まらないとわかっているのに、わざわざ時間どおりに現れる人などいない。ただぼーっと座りながら他の参加者を待っている人が、組織に10人、１００人、いや１０００人いれば、その数分は1年では何時間分にもなる。

参加者が不適切だから

どうやら「疑わしきは招集せよ！」が会議の基本見解になっているようだ。この見解が、招集された人（かつ「遠慮します」と言えるだけの職業人としての勇気に欠ける人）の時間を無駄に消費している。そして、その人が義務感から質問や意見を述べようものなら、他の参加者すべての時間を無駄遣いすることになる。

パーキンソンの凡俗法則のため

これは「自転車置き場効果」という名でも知られる法則で、組織は些細な論点に最も時間をかけ、重大な論点に最も時間をかけない、という説である。

この説の設定では、ある委員会が、莫大な費用を要する原子力発電所に関して、重大な決定をいくつか下さなくてはならない。発電所は、ほとんどの参加者にとって立ち入れない難解なテーマであるため、その建設については、異議を挟まれることもほぼないまま、すみやかに承認される。

ところが、従業員の自転車置き場のデザインを決めるとなると話は変わってくる。その些細なプロジェクトについては誰もが理解しているため、つまらないことにこだわり、議論に膨大な時間を費やすのだ。

一日のスケジュールが細切れになり、合理的でなくなってしまうから

そして仕事に没頭している時間帯や、集中力の最も高まる時間帯に干渉するかもしれないから。

不適切な人がその場を仕切っているから

会議はその性質上どうしても、自信家や外向的な人の発言が目立つ傾向にある。参加者の中には、会議の正しい進め方をもっとよく知っている人たちもいるかもしれない。しか

し、たいていの人はそういった知識をあまり共有しようとしないため、結局、自信家たちの犠牲になっている。

マーク・キューバンの会議のルール

本書を書くために行った調査のなかで、私は何百もの大成功した人々に接触を試みた。それも、あえて世界トップクラスの成功者を選んだ。相手は、一日には１４４０分しかないと知っている人たちだ。返事が来ないからといって驚いたことはない。驚いたのはむしろ、億万長者の起業家マーク・キューバンが、こちらのメールを受信後、わずか61分で返信してきたときだ。

キューバンは、実に彼らしい、歯に衣着せぬ端的な物言いで、時間管理に関する助言を与えてくれた。その助言には、彼の会議に対する姿勢が如実に表れている。

■成功者たちの証言

「小切手を切ってもらえないなら、会議には出席するな」
——マーク・キューバン（ＮＢＡダラス・マーベリックスのオーナー、シリアルアントレプレナー、講演家、テレビ番組「シャーク・タンク」出演投資家）

水曜日をノー・ミーティング・デーに

マーク・キューバンの助言は少々極端、あるいは非現実的だと思う人でも、1週間に一日、会議のない日を作ることはできるだろう。

本書のために行ったインタビューでダスティン・モスコービッツは、フェイスブックから継承した生産性向上術「ノー・ミーティング・ウェンズデーズ（NMW）」について紹介してくれた。

■成功者たちの証言

「自分自身やチームが、会議などに一切邪魔されず個人の仕事に専念できる日を、1週間に一日設けることだ。アサナでは、社内の集中と生産性を促進するため、毎週水曜日をノー・ミーティング・デーとしている」

――ダスティン・モスコービッツ（チーム生産性改善アプリ「アサナ」共同創業者、フェイスブック共同創業者）

アサナの他にも会議をなくす日を取り入れ、「メーカー・デイズ（作る人の日）」と呼んでいる人々もいる。互いに干渉せず、全員が「もの作り」に専念できるようにしよう（それが最も重要な課題〔ＭＩＴ〕の進展に関わる場合は特に）というのが、そのコンセプトとなっている。

効果的なアジェンダの作り方

とはいえ、どうしても会議をしなければならない場合もあるだろう。大成功した人々は知っていることだが、効果的な会議は効果的なアジェンダ（議事進行表）に始まり、効果的なアジェンダであるためには事前にそれを回覧する必要がある。

以下に、効果的なアジェンダを作る秘訣を挙げる。

- 会議の前に、参加者にアジェンダを見せ、意見を求める。こうしておけば、会議中に新たな議題が持ち上がったり、第一目標から脱線したりしない。
- 会議の目的を明記する。
- 進行役を明記する。
- 招集をかけたメンバー全員を明記する。呼ぶ人は少ないほどいいが、キーパーソンを呼び忘れていないか確認することも大事だ。グーグルは会議の参加者を10人以下にしている。またスティーブ・ジョブズは、会議に出席している正当な理由を本人が挙げられない場合、その人を退室させたと言われている。

・参加者を意思決定に集中させるため、議題は可能なかぎり疑問文で記載する。
・参加者が進行や会議のペースをチェックできるよう、各議題にかかる時間の目安を書いておく。その際、きちんと現実的な見積もりをすること。

グーグル・ベンチャーズの秘密兵器

グーグル・ベンチャーズ（GV）のデザインパートナー、ジェイク・ナップは、スマートフォンなどの時計アプリに頼らず、実体のある時計を使って会議の残り時間を計るよう提唱している。ナップは自分の子どもの教室を訪れた際、他にはないタイプのタイマーを発見した。それがタイムタイマーである。

タイムタイマーは、教師たちの間で「魔法の時計」と呼ばれている。様々なサイズが売られており（アマゾンでは25ドル前後）、電池式で、会議室のどこからでも見える大きさである。時計盤の中心にある赤い円盤が、時間の経過とともにするすると縮小していき、残り時間が直感的にわかる仕組みになっている。スマートフォンのタイマーをセットすれば済む話なのに、なぜわざわざ、と思うことだろう。この点について、ナップは次のように説明している。

タイムタイマーのほうが、画面上のタイマーアプリよりよっぽどいい。物理的だから、調節もセットも簡単だし、どうしたって無視できない。

また、マリッサ・メイヤーはグーグルにいた頃、ノートパソコンに取り付けたプロジェクターを使い、巨大なカウントダウンタイマーを会議室の壁に表示させていたという。メイヤーはきっとヤフーでもこの技を使っているに違いない。

スティーブ・ジョブズの会議法

1999年、ある心理学者のチームが56のグループを対象に、座って行う会議と立って行う会議の違いについて調査を行った。その結果は次のように報告されている。

座って行う会議は、立って行う会議よりも34％長かったが、立って行う会議より優れた決定はなかった。（出典：Journal of Applied Psychology）

また別の研究では、成果の点では、立ったままの会議のほうが座って行う会議よりはるかに優れている、と断定された。これは、セントルイス・ワシントン大学の研究者たちが下した判断だが、彼らが学術誌に報告したところによると、立って行う会議のほうが、協力的態度や考えの共有、主体性、独創的な問題解決力につながるという。

自分の会社を初めて売却したときのことを、私は今でも覚えている。買収側企業のCEOルディ・カルサンは、彼の役員室を初訪問した私に座る暇も与えず、勢いよく立ち上がり、「散歩に出かけましょう！」と言った。30分後、私たちは200万ドルの取引で手を結んだのだった。

ヴァージンの創業者リチャード・ブランソンも、やはり従来の会議には興味を持たなかった。ブランソンのブログにはこう書かれている。

私のお気に入りの秘策のひとつを紹介しよう。私は、ほとんどの会議を立って行う。そのほうがずっと早く本題に入り、決定を下し、契約を結べる。状況が許せば、もう一歩踏み込みたいと思うこともよくある。文字どおり歩きながら会議をするのだ。

スティーブ・ジョブズは「歩き会議」が長いことで悪名高かった。この習慣はマーク・ザッカーバーグやジャック・ドーシーも採用している。

「10分会議」の極意

会議はどれもこれも30分か1時間の予定になっている。なぜだろうか？　その時間が選ばれるのは、アウトルックの予定表の時間幅がデフォルトで30分になっているためではないかと思う。そして会議というのはたいていの場合、そうやって割り当てられた時間をすべて使い切ってしまうものだ。

ブルームバーグ・ビジネス誌の2006年のインタビューで、当時グーグルにいたマリッサ・メイヤー（のちにヤフーCEO）は、1週間に70件の会議を行うと語っている。それだけの会議をすべて詰め込めるのは、30分の時間枠を分割し、短い会議を複数入れているからに他ならない。時には5分、10分の会議もあるという。

リチャード・ブランソンは会議に対する嫌悪感を頻繁に語っており、ブログに次のような投稿をしている。

議題が1つしかない会議に5〜10分以上時間をかけるべき状況など、そうそうない。

■成功者たちの証言

「会議や電話は、社内か社外かにかかわらず、20分にするべきだ。それ以上の会議は入れない。（中略）これまで30分だった会議を20分に変えるだけでも、一日にさらに4〜6件の会議や電話、約束を入れられる」

——ライアン・デルク（インターネット決済サービス「ガムロード」の牽引役）

スマートフォンは全面禁止

あなたは商談中に携帯電話でメールを確認することがあるだろうか？　あると答えた人は、南カリフォルニア大学マーシャル・スクール・オブ・ビジネスの研究によれば、上司や同僚をいらつかせていると考えられる。というのも、その研究では次のことが明らかになったのだ。

- 86％の人が、改まった会議の最中に電話に出るのは不適切だと考えている。
- 84％の人が、改まった会議の最中にメールを打つのは不適切だと考えている。
- 75％の人が、改まった会議の最中にメールを読むのは不適切だと考えている。
- 66％の人が、会議の種類にかかわらず、会議中にメールを打つのは不適切だと考えている。
- 少なくとも22％の人が、会議の種類にかかわらず、会議中に携帯電話を使うのは不適切だと考えている。

なぜそんなにも多くの人が（特に成功した人のほうが）会議中のスマートフォンの使用を不適切と見なすのか？　それは、携帯を使用する行為が、次のような姿勢を示すからだ。

・**敬意に欠ける**：会議の会話より携帯の情報が重要だと考えている。目の前に座っている人より、その場にいない人に目が向いている。

・**集中していない**：人間は同時に複数のことに集中できない。マルチタスク能力など作り話だ。

・**話を聞いていない**：真の積極的傾聴（アクティブ・リスニング）に必要な注意力と集中力が見られない。

・**意志がない**：「パブロフの犬」の現代版。携帯が鳴れば他人の意のままに応答する。

会議の時間を最大限に活用するために、参加者は端末の音を消してポケットにしまい、触らないようにするべきだ。

毎日の小会議で会議を減らす

会議を増やすと会議が減る、なんてことがあるのだろうか？

私は長年多くのコンサルタントと仕事をしてきたが、企業を大成功かつ急成長させる秘訣を教えてくれたのは、ヴァーン・ハーニッシュただひとりだ。彼はかの有名なＥＯ（起業家機構）の創設者であり、ガゼルズＣＥＯ、さらには『スケーリング・アップ』の著者としての顔も持つ。

ハーニッシュの著作から学び、強く共感したことをひとつ挙げよう。組織は、指揮部隊より早く動くことはできない。指揮部隊の進行に従って、残りの部隊が動く。全員が足並みをそろえて早く動くためには、会議のリズムを確立することが不可欠だ。その際、最も重要なのが、日次の小会議なのである。

この意見に、私は当初はかなり懐疑的だった。

日次の小会議は、チームメンバーとともに立ったまま迅速に行う。時間は15分以内とし、毎日同じ時刻に予定しておく。

これを実践し始めた途端、それ以外の単発の長い会議をいくつもやる必要がなくなった。電話の呼び出しやメールも減った。さらには、従業員の勤務態度やセールス実績といった要素にも、劇的な効果が見られたのだ。

日次の小会議の議題は3つ。

- 最新情報：ここ24時間のハイライト。特に、他のメンバーに関係のあることは漏れなく報告する。
- 数字：売上、コンバージョン率、生産数など日次の測定基準にあたるものを精査する。
- 行き詰まっていること：解決すべき問題、効率化すべき習慣、自分では解決できない疑問など、行き詰まっていることをすべて共有する。

■成功者たちの証言

「『毎日やれば、自由になれる』。成長企業を支援する我が社のツールとアプローチの根底にあるのが、このモットーだ。毎日15分の小会議をチームに（そして配偶者にも！）取り入れれば、全員が毎日、計1時間以上の時間を削減できる。あなたは小さな失敗（のちに大きな問題となる種）を回避できるし、目の前の好機に乗じることもできる。『もっと早く動きたければ、一拍のテンポを上げろ』ということだ」

――ヴァーン・ハーニッシュ（ガゼルズCEO）

日次の小会議は15分に留めよう。それ以上の時間がかかるようになると、出席率が下がる可能性が高い。参加者には簡潔に話をさせ、その場で解決できない「行き詰まっていること」はすべて会議後に個別に対応すること。

あなたが会議を減らすメリット

- 起業家なら……会議の時間を減らせば、製品改善にもっと時間を割けるのでは？
- 管理職なら……会議の時間を減らせば、チームメンバーの指導にもっと時間を割けるのでは？

・フリーランスなら……会議の時間を減らせば、新規顧客の開拓にもっと時間を割けるのでは？
・学生なら……いくつも参加している勉強会は、宿題をやるのに本当に役立っているだろうか？　あまり効果がないなら、ひとりで勉強することで時間を節約しよう。
・専業主婦／夫なら……ＰＴＡやサッカーリーグ、地域イベントなどを支援するために、いくつの会議に出席しているだろうか？　会議を減らしたほうがかえって、自分の影響力が高まるのでは？

今週の会議の予定をスケジュール表で確認してみよう。どうしたらその会議をなくしたり、予定時間を短縮したりできるだろうか？

秘訣⑧

会議は、予定するのも出席するのも、他のコミュニケーション手段ではうまくいかない場合の最後の手段にする。

！無料特典「『会議を最大限に活用しよう』ポスター」→ http://www.panrolling.com/books/ph/ph58.html

9

大成功へと導く小さな一言

――たった一言で未来のスケジュールの空きを確保できる魔法の呪文とは？

「一点集中とは『ノー』と言うことだ」――スティーブ・ジョブズ

メールやソーシャルメディアを使っていると、対処すべき情報の総数が増える。その上、他の手段に比べ、あまりにも気軽に依頼を寄こす人が現れる。依頼は、パーティーの誘いやプライベートな内容であることが多い。「今晩遊ばない？」「ハッピーアワーに行きませんか？」「一緒にランチでもどう？」などなど。

そして、多少なりとも仕事や経済面で成功した経験のある人なら、日々の受信箱はランチやお茶の誘いであふれているものだ。

尽きることのない依頼

この24時間以内に私に寄せられた依頼の数々を紹介しよう。

- 仕事関係の友人から「一緒にランチしないか」
- 知り合いの作家から「例の本についてご感想がありましたら、アマゾンにレビューを書いていただけると大変嬉しいです。レビューはこちらです」
- ある代理人から「あなたの『リーダーシップを引き出す語り手トップ100』に、私の顧客名簿を載せてもらえませんか」
- 一度も会ったことのない起業家から「こちらは今ボストンにおります。一面銀世界で〝寝耳に水〟の状態ですが。できましたら、5分で構いませんので、お電話でご挨拶し、ご意見をいただきたいのですが、いかがでしょうか」
- 地元NPOのすばらしきリーダーから、来る資金集め大会について「委員のみなさんはそれぞれ10枚ずつチケットを売ってくださると期待しています！」
- 地元カレッジの学部長から「私たちがビジネス学部でどんなことをしているか、お聞かせできる日を楽しみにしております。いつかお茶をご一緒しませんか？」
- 読者から、自己紹介と、現在抱えている問題が書かれた9通のメールもちろん、リンクトインからも依頼が舞い込む。一日に10〜20通、会議や電話を要請するメッセージが届くのだ。ある会社へ投資しないか。新製品の販売について評価してくれないか。起業にあたりアドバイスをもらえないか。デビュー作を書く手助けをしてもらえないか、などなど。

ただし誤解しないでほしい。私はこうした依頼が迷惑だと言っているわけでも、接触してくる人たちを笑いものにしているわけでもない。それどころか、このような依頼を光栄に思っているし、時間を求められるということは、自分が正しいことをしている証しだと捉えている。さらに言えば、こうした依頼の多くに応えるつもりでいる（たとえば、学部長とのお茶など）。

しかし、誰もが自分の時間に常に目を光らせなくてはいけないのだ。

そう、一日は１４４０分しかないのだから！

■成功者たちの証言

「オリンピック選手である以上、参加できないものや、断らなくてはならない場面、イベントはたくさんある。今ではもうほとんど、『ノー』と言わなくてはならないことに慣れた、と言える状態になりつつある」

――サラ・ヘンダーショット（ロンドン五輪のボート競技女子アメリカ代表）

たとえ30分でも、電話や、お茶をしながらの打ち合わせを予定すれば、その分、他の何かが片づかないことになる。書こうと思っていた詩がいつになっても書けない。プログラムを修正できない。報告書を検証できない。顧客への折り返しの電話が翌日になってしまう。３キロのジョギングができない。めざましいアイデアは決して生まれない。

すべての行為には、犠牲が伴うのだ。

「成功した人と大成功した人の違いは何か。大成功した人は、ほぼすべてのことに『ノー』と言う」――ウォーレン・バフェット

遠くの象にご用心

遠くから見ると、巨大な象すら一見小さく見えるそうだ。しかし残念ながら、いざ目の前まで来ると、小さかったはずのものが大きなものに変わることが多い。

◇研究による証明

「時間をくれという依頼を日常的に断っている人のほうが、自己申告による幸福感と気力が高い」（ザ・クルーズ・グループによる２０１５年の研究より）

ある日突然、ディキンソン・カレッジの女子学生からメールが届いた。彼女は私のリーダーシップ関連の仕事のファンだと述べ、「私の学校では毎年講演者を招いているのですが、あなたを推薦しても構いませんか？」と聞いてきた。「喜んで」と私は返した。これが1回目のイエスだった。

1カ月後、ディキンソン・カレッジの事務局からメールが届き、講演の具体的な日付とともに、無報酬であることを知らされた。この点について検討すべきだろうか？　私の講演料の相場は1万2500～2万2500ドルといったところだ。とはいえ、学生に話すのは大好きだし、いつも月1回はNPO向けの無料講演を入れるようにしている。

私はスケジュール表でその日付を調べた。3カ月分ページをめくる。空いている。それどころか1週間丸々、予定が入っていない。こいつはすごい、未来は現在よりはるかに暇になるのだ！　講演が楽しみだ。私は招待を受けた。これが2回目のイエスだった。

講演が近づいてきたある日、カレッジのラジオ局のためにインタビューをさせてもらえないか、と別の学生から問い合わせがあった。その場合、講演の2時間前に学校に行ってインタビューの収録をしなくてはならない。「いいですよ」と私は言った。光栄である。これが3回目のイエス。

イベントの1週間前、教授からメールが届き、「私の経済学の授業でビジネスや倫理、エンゲージメントについて話していただけませんか」と依頼された。その授業は講演当日の午前中にある。学生に話すのは大好きだし、いずれにしろ学校には行くのだ。ただ当日ちょっと早く行く必要があるだけのこと。だからもちろん、私は4回目のイエスを伝えた。

時間が刻々と過ぎ、カレッジでの無料講演が近づくにつれ、様々な依頼が舞い込むのは避けられなかった。まず娘の学芸会が同じ日にぶつかった。だが、あきらめるしかない。また、同じ日に企業の基調講演を依頼された（しかも満額のギャラで）。これも断らなければならない。さらに、オーストラリアのニュース番組が衛星で私のインタビューを生中継したいと言ってきたが、すでに予定は埋まっていた。

たしかに、こうしたチャンス（特に娘の学芸会）をすべて逃すのは、ものすごく残念だった。しかし私は最初に下した判断や、その後の一連の「イエス」を後悔していない。

この話をしたのは、「人はみな、未来は現在ほど忙しくないと思い込んでいる」という極端な例を示したかったからだ。

3週間後のスケジュール表を見て、会議もランチの予定も入っていないとわかれば、誰だって、ついその日のランチの誘いを受け入れてしまうだろう。たしかに、そんな日はちょっとした外食をするのにぴったりに見えるものだ。だが、いざ当日になってみると、会議やら締切やら家族の用事やらで予定が埋まっているのである。

今から言うことをしっかり理解してほしい。現在抱えている任務やプロジェクトやタスクが何であれ、1カ月後も、半年後も、1年後にも、あなたはそうしたものを抱えているはずだ。あなたの生活を根本的に変えないかぎり、子どもは今後も体調を崩すし、スポーツだってするし、保護者面談も必要となる。上司は相変わらずプロジェクトを与えてくるし、車のオイル交換や車検が必要なのも変わらないし、友人たちは相変わらずパーティーを開き、あなたを誘ってくることだろう。

すべての「イエス」は他への「ノー」

私の子どもにも教えようとしているのだが、すべての「イエス」は、その他のものへの「ノー」だ。だからといって、何にでもノーと言えということではない。返事はよく考えるべきだと言っているのだ。

■成功者たちの証言

「『何が何でもイエス！』でないものには『ノー！』と言うことだ」

——ジェイムズ・アルタチャー（ベストセラー作家、アクティブ投資家、ポッドキャスト「The James Altucher Show」司会者）

「時間の作り方がうまい人は知っていることだが、完成とは、手を加えられる箇所がなくなったことだけを指すのではない。もうそれ以上、取り除ける箇所がなくなったというのもまた、完成なのである。つまりあえて目をつぶることだ。今日ノーと言えることにノーと言えば、その分、明日の時間が増えるのだから」
――ロリー・バーデン（『自分を変える1つの習慣』著者）

「本当の一点集中とは、自分がノーと言いたいことにノーと言うことである」
――ニキル・アローラ／アリハンドロ・ベレス（バック・トゥー・ザ・ルーツ共同創業者）

「イエスのひとつひとつが、他の何かに対するノーを意味する。この考えを念頭に置いておくことが、私にとっては何より役立つ」
――メラニー・ベンソン（起業家向け情報サイト「アントレプレナー」寄稿者）

私の娘は、友人の誕生日パーティーに誘われてイエスと答えた。その後、ポップ・シンガーのマックス・シュナイダーが地元公演の日付を発表したが、それは誕生日パーティーとちょうど同じ日だった。一体どうしたらいいのか？　まさに青春の悩み！　しかしパーティーに行くと言ってしまった以上、娘はその約束を守らないわけにはいかなかった。

11歳の息子は、遠征試合を中心に活動するサッカーチームに入団した。ポジションは、チームに2人しかいないゴールキーパーだ。しかしシーズンが進んでから、地元劇に出演しないかと声がかかった。息子は心底やりたがっていたが、劇をやれば1、2回試合に出られないことになる。どうすべきか？　しかしコーチやチームメイトを裏切るようなことはできないので、息子はサッカーを選ぶしかなかった。

繰り返すが、いつでもノーと言え、ということではない。ただ、イエスのひとつひとつが、時が来れば、他のものへのノーに変わることを理解しよう。イエスによって常に何らかの機会が犠牲になっているのだと心得ておけば、依頼を安請け合いしたりせず、予定に入れてもいいかどうか慎重に考えるようになるだろう。

なぜノーと言うのは難しいのか

「すべてのイエスは他へのノー」であることは事実だが、単にノーと言うのは難しいものだ。その理由はたくさんある。

- 相手を怒らせてしまうかもしれない
- 誰かの気分を害してしまうかもしれない
- 人から好かれたい
- 無礼な人間にはなりたくない（小さい頃から礼儀正しい人間になりなさいと言われてきたから）
- 実際にかかる時間を読み間違えている

- 優先順位が明確になっていない
- 人の役に立てるのが嬉しい
- 将来のために恩を売っておきたい

それに、みな「困っている人がいたら助けましょう」と言われて育ち、そういう人間になるよう教育されてきた。他者を助けることは大事だという価値観が根付いているのだ。しかし、時間をくれというリクエストにやみくもに応えていては、その他の大事なことがすべて、途端に立ち行かなくなる。現在の成功の原点となったことさえも。このような苦悩と罪悪感を自らに課しながら、私たちはノーと言っているのである。

もっと自分に寛大になろう。ノーと言うのに、罪悪感など覚えなくてもいいのだ。依頼を断ってどう思われたかなど気にするべきじゃない。

ノーを伝える7つの簡単な方法

まず知ってもらいたいのは、「ノー」と言うだけで十分だということだ。相手が誰であろうと、それ以上、何も言う義務はない。

それでもやはりノーと言うのが心苦しいなら、今から紹介する、より巧妙な返答を試してみるといいだろう。メールに返信する際、私はよく「ご連絡ありがとうございます」という出だしの一文のあとに、次のいずれかのメッセージを続ける。

❶「しかし、今まさに締切を抱えておりまして、それが片づくまで新しい会議は入れない予定です」

これは、見知らぬ人から突然連絡が来た際によく使う手法である。何の締切か具体的には伝えない。相手は赤の他人であり、私の詳細を知る必要もなければ、詳細を教えてくれるとも思っていないはずだ。このような場面では、「締切」という言葉は効果てきめんで、ほとんどの人に共感してもらえる。

❷「残念ですが、現時点でスケジュールがいっぱいでして、対価を支払っていただける顧客との面会や打ち合わせしか入れられません。どうぞご理解ください」

この手法は、「自分や自社に莫大な利益をもたらす助言を何かもらえないだろうか」と言ってくる人々に使っている。すでにまともな収入と資産がありながら、大金につながる時間や情報を求める際に、対価を払おうと考えない人々が、信じられないほど多いのである。だからこの返答によって、「あなたのビジネスの問題について本当に私と話したいですか？　お金を出す気があるなら承りますよ」とやんわりと伝える。すると、ほぼ全員が退散する。

❸「お近づきになれて嬉しいです。ただ、○月○日の午後2時15分まではスケジュールが埋まっております」（日付は5カ月先のものを入れる）

直接の面識はないが何らかのつながりがある人には、たいていこう言うようにしている。相手は、遠い昔の部下の友人かもしれない。

この手法の意図は、相手を完全に拒否することなく、「こちらはバリバリ働いていてスケジュールがいっぱいだ」と伝えることにある。同時に、「あなたが話したいと思っていることはさぞかし重要なんでしょうね。本当に私と会いたいなら、だいぶ先ではあるけれど、提示した時間枠を受け入れるはずですよね」というメッセージも伝えられる。

私の経験では、相手はたいていこう返してくる。「お騒がせしてすみませんでした。ご多忙なようですね。また落ち着いた頃にお会いしましょう」。そして、そのまま連絡が途絶える。

❹「電話用の時間帯で空いているのは、一番早くて来週の木曜日の午前2時〜2時15分です。それで構いませんか？」

時間帯が午後ではなく午前である点に注目しよう。これはわざとである。

このフレーズは1年に1回しか使わない。なにしろ、もし相手がはったりに乗ってきたら、私は本当に深夜まで起きて待っているか、もたつきながらベッドを出て電話に出なければならなくなる。しかし、ものすごくしつこい人にはこの方法を使う。

相手がただのしつこいセールスマンだとわかっていればあっさりノーと言えるが、相手が友人かビジネスパートナーで、電話で話さないかと言われたら、礼儀上、無視したくない。その代わりこの方法で、相手にプレッシャーをかけるのだ。この人はどれほど私と話したいのだろうか？　本当に、深夜の電話もいとわないのか？

すると、たいていは次のような返事が返ってくる。「もちろん、来週木曜日の午後なら助かります。間違えて午前と書かれたようですが……午前なんて、どう考えてもありえませんよね」。そこで私はこう返す。「間違いではありません。私は筋金入りの仕事人間なので、この先数カ月で空いているのは、その時間帯だけです。どうしますか？」

この状況でも「やはり電話したい」と言ってきた人は、実はまだひとりもいない。本当にびっくりである。私の時間につけ入って人生やキャリアを変える情報を入手しようとしておきながら、午前2時の電話を受けようとしない。「もちろん、それで構いません。それでは私から電話します」と言ってくる人がいれば、「なんとかして予定をやりくりしましたから、通常の勤務時間中にお話ししましょう」と伝えるつもりである。

❺「ただ、私よりも適役が他にいると思う。あなたのことを○○さんにお願いしよう」

これは楽な方法だ。人から頻繁に時間を求められるのは、何か役に立つことを知っている、あるいは決定権を持っていると思われているからだ。もしそれが事実に反するなら、あるいは意思決定の権限を他の人に「委任」するなら、この手法を使おう。

その際、次のような言い方で表現を和らげてもいいだろう。「この件を進めるには、私の同僚のパウリナと直接話すのが一番早い。心配はいらないよ。パウリナと話すということは、私と話すということだ。パウリナはここの最高の意思決定者だからね」

❻「しかし通常の勤務時間内には、これ以上、会議や電話を入れられません。移動中や深夜にメールを見ることは可能ですので、メールでやりとりしませんか？」

この返事が、私の場合は最も多いのではないだろうか。私の本やメルマガの読者から送られてきたメール、誰かの紹介で送られてきたメールなどには、すべて返事をするよう努力しているのだが、電話であれこれ話すよりも、メールのほうが効率的だ。

❼「原則として、初回の電話は15分間とさせていただいております。ご興味がおありでしたら、アジェンダの草案を送っていただけないでしょうか？　どんな議題を扱うのか、どんな成果を期待されているのか、確認させていただきたいので」

これも、ただ断るのは気が引けるという人にとっていい方法だ。「私はとても忙しいので、本当に話したいなら事前作業を進んで受け入れたほうがいいですよ」というメッセージをうまく伝えられる。通常はこれで連絡が途絶える。

■成功者たちの証言

「友人にノーと言おう。誘いを受けたらどんな結果が待っているか、自分にとってベストな判断とは何かを考慮すること。つまり、人を喜ばせようとしないこと。自分のことを最優先に考えよう。つきあう相手は慎重に選んで。友達であれば、ノーと言っても問題にはならないはず」

——ヘイリー・シルバ（シエラ高校のオールＡの生徒）

あなたが「ノー」と言うメリット

- 起業家なら……ただノーと言うだけで、部外者から誘われた本業と関係のない会議を断ることができ、現行のロードマップから脱線せずに済むのでは？
- 管理職なら……ただノーと言うだけで、必須でない構想に巻き込まれずに済み、自分の四半期目標を進展させられるのでは？
- フリーランスなら……ただノーと言うだけで、無報酬活動を減らせるのでは？
- 学生なら……ただノーと言うだけで、図書館で過ごす時間を増やし、喫茶店で過ごす時間を減らせるのでは？
- 専業主婦／夫なら……ただノーと言うだけで、ボランティア活動を最小限に抑え、親業に最大限の時間を割けるのでは？

さて、今後数週間で、どの会議や電話、プロジェクトを断ろうか？

秘訣⑨

当面の目標達成に役立たない誘いは、すべて断る。

10

強力なパレートの法則

――作業負荷をほんの少し分析するだけで、80%の作業を削減できる?

イタリアの庭園で生まれた驚きの発見

ヴィルフレド・フェデリコ・ダマソ・パレートは、1848年、イタリアで生まれた。のちに大哲学者、大経済学者となる人物である。言い伝えによると、ある日パレートは、うまく実ったエンドウ豆の80%が、20%の苗木から収穫されたことに気づいた。また、富について考察したところ、イタリアの国土の80%が、人口のたった20%の人々に所有されていることを発見した。さらに、様々な産業を調査した結果、生産物の80%は20%の企業によって生み出されていると判明した。

「成果の80%は、全体の行動のたった20%から生まれる」

「入力と出力はアンバランスである」というこの普遍の真理は、のちに「パレートの法則」もしくは「80対20の法則」として知られるようになった。常にぴったり80対20の割合になるとは限らないが、このアンバランスは様々なビジネスの場でよく見受けられる。

- 総売上の80%は、20%の販売員によって生み出される。
- 総利益の80%は、20%の顧客によってもたらされる。
- ソフトウェアの異常終了の80%は、20%の頻繁に報告されているバグが原因となっている。
- 医療費の80%は、20%の患者によって占められている（そして全支出のなんと50%が5%の患者によって占められている！）。

個人的な話をすると、私には意図せず80対20になっている習慣がいくつかある。ひょっとしたらあなたにも共感してもらえるかもしれない。

たとえば、私は上等なスーツを5着は持っているが、80%以上の割合で、仕立ての良いシングルの黒いアルマーニと、水色のシャツを手に取る（女性のみなさん、何足の靴をお持ちだろうか？　そのなかでも、お決まりの20%の靴を履くことが多いのでは？）。

また、私の家は15部屋あるが、私は約80％の時間を寝室や居間、仕事部屋だけで過ごしている。

この小さな町に一体何キロの道があるのかわからないが、私が使う道はその20％以下だと断言できる。

私のサムスンS5のスマートフォンのホーム画面には48個のアプリが置いてあるが、間違いなく、80％の時間は約8個のアプリしか使っていない。

スーパーに買い物に行くと、大部分の時間は壁沿いに通路を回り（青果、鮮魚、乳製品、パン）、店の中央付近にある通路は見ないことが多い（健康と美容のコーナーだけは例外）。

私は極度の内向型なので実はあまり人づきあいをしないが、あなたはおそらく全時間の80％を、20％の友達や家族と過ごしているだろう。

■成功者たちの証言

「すべてをやることはできないという事実を私は受け入れている。だから、80対20の法則を適用し、極めて重要なことにしか取り組まない」

――ジェイムス・シュラムコ（スーパーファストビジネス創業者）

「私は生産性に関して主に2つの考え方を取り入れている。ひとつは、80対20の法則。これは、最大の報酬をもたらすタスク、つまり自分が専念すべきタスクを見極めるのに役立つ。もうひとつは、制約条件の理論。こちらは、望ましい結果を妨げている直接的な制約を見極めるのに役立つ」

──ヤロ・スタラク（『Blog Profits Blueprint』著者、ブログ「Entrepreneurs-Journey.com」創設者）

ではパレートの法則をどのように適用すれば、日々の時間に余裕が生まれるだろうか？

ビジネスの80対20

ビジネスにおいてはまず、80対20の名が示すとおり、顧客基盤を分析し、利益をほとんどもたらさない80％の顧客を〝切る〟という選択肢がある。かく言う私も昔、割の合わない顧客を大量に切り捨てたことがある。

これと同じことが営業チームにも言える。80対20の法則を適用し、売上の少ない大半の営業マンを解雇するのだ。そうすれば、残りの好成績の営業マンたちに新たな顧客や地域を割り当てられるし、営業チームの〝勝ち組〟のサポートにもっと時間をかけられる。

また、現在の取り扱い製品を見直し、80対20の法則に従って、利益の小さい製品を処分するという手もある。すると、カスタマーサービスのコストが削減され、倉庫に空きも生まれ、他社との差別化もしやすくなる。

ソフトウェア企業を経営しているなら、コールセンターにかかってくる電話の80％の原因となっている、20％のバグを必ず突き止めよう。そのバグを最初に取り除いてしまえば、技術サポートのコストを劇的に下げることができるだろう。

80対20の法則はマーケティング活動にだって適用できる。私はかつて、ある会議でセス・ゴーディンにインタビューをしたことがあり、その際、なぜツイッターを使わないのかと聞いた。当時はツイッターが大流行しており、マーケティングの第一人者と見られているセスがツイッターをやっていないことに、みな衝撃を受けていた。

私の質問にセスはこう答えた。「ツイッターに対して反感は一切持っていません。ただ、一日の時間は限られているわけで、ツイッターをやれば他のことをやる時間がなくなります。毎日ブログを投稿したりはできなくなります」

まさにソーシャルメディアの時代と言える現代においては、ツイッターもフェイスブックもリンクトインも全部やらなくては、と感じてしまう人が非常に多い。私なんか、ピンタレストのページまで持っている有様だ。しかし80対20の法則を適用して考えてみれば、仕事の依頼や読者の大半は、たったひとつのSNSから生じていたと発覚するだろう。今後はそれ一本に絞ると周りに知らせ、残りは無視してはいかがだろうか。

庭仕事の80対20

あなたは毎年、一体どれだけの時間とお金を庭に費やしているだろうか？　今やっているのは芝刈り、際刈り、肥料などの散布、花壇の雑草抜き、茂みや木の刈り込み、花植え、歩道の掃除、といったところだろうか？　自分では庭仕事をしないという人は、芝刈りやマルチの交換、芝生用肥料の購入、除草剤の散布、木の刈り込みなどをしてもらうために、どれだけのお金を業者に支払っているか考えてみよう。

だが80対20の法則を適用すると、隣人や自宅前を通りかかるドライバーがあなたの庭から受ける印象の80％は、あなたが行った手入れのたった20％で決まる、と言えるのではないだろうか。この点を念頭に置けば、やるのは芝刈りと草むしりだけにして、際刈りと季節ごとの花の植え替えはやめようと思うかもしれない（もちろん、庭仕事が好きな場合は話が別だ）。

読書と勉強の80対20

大学に進学する際、大好きだった高校教師から、ある適切なアドバイスをもらった。まず忠告されたのは、「大学の読書課題は、高校までとはまったく違う」ということだった。

フィクションを扱う授業では週に一冊、さらにそれ以外の授業でも、各テキストから複数の章を読まなくてはならないという。

そして、こう教わった。「各章の最初と最後の段落、そして各段落の最初の一文を読むだけで、その本の言わんとしていることは8割がた理解できるわ」。私の経験上、この方法でオールAを取るのは難しいかもしれないが、Bなら確実に取れる。

私は学校に通う多忙な子どもを3人抱えているが、娘たちの高校のテスト勉強を手伝うときは、最初に章のまとめと章末問題を読めばよいとわかっている。教科書の作者が最も重要だと考えているポイントを知った上で教科書を読み返し、章末問題の答えが書かれている箇所を探すほうが、章全体を通読するよりもずっと効率的だ。

ダライ・ラマのかばんの中身

私は、2002年のグローブ・アンド・メール紙に掲載されたダライ・ラマの逸話がとても気に入っている。ダライ・ラマは足繁く世界を巡り、仏教の精神とチベット人の窮状を説いている。あまり多くの物を持たないこの男性が、どこへ行くにも常に持ち歩いているのが、小さな赤いかばんだ。あるイベントに関する同紙のレポート記事によると、聴衆のひとりが、そのかばんには何が入っているのかと聞いたらしい。

ダライ・ラマはすぐにかばんを開け、中身を取り出してみんなに見せ始めた。チョコレートバー、眼鏡ケース、歯ブラシ、クリネックスのティッシュ数個、そして一瞬間を置いてからアメをひとつ取り出すと、さっそく包みを開けて口に放り込んだ。

旅行の際、あなたはどれぐらい物を持ち歩くだろうか？　物が多すぎて時間を取られることはないだろうか？

私の友人はたいてい別荘を持っている。ニューヨークやジャージーショアに持っている人もいれば、ポコノスにスキー用のログハウスを持っている人もいる。私が別荘を持っていないと言うと彼らは驚く。私が友人たちの別荘話にとても注意深く耳を傾けてきたことに気づいていないのだ。

友人たちの口から、別荘があると楽しいというセリフはめったに出てこない。別荘の話といえば決まって、不法侵入に対処しなくてはいけない、ハリケーンで1階が1メートル近く浸水した、人に貸し出したらめちゃくちゃにされた、といった話ばかりなのだ。

別荘は、「物事にはすべて代償がある」という事実を示す一例にすぎない。毎週ほこりを払わなくてはならないコレクションの雑貨と同じだ。家が大きいほど、たくさんの部屋を掃除しなくてはならない。電子機器を使うには、使い方を覚え、セットアップし、他の機器と接続し、最終的には修理する必要がある。プールがあれば清掃しなくてはならない。ペットがいれば散歩させ、しつけをし、動物病院に連れて行かなくてはならない。ボートは水に浮かべなければ遊べないし、遊び終わったら水から引き上げなくてはならない。

3人の学齢期の子どもを持つ身としては、今の郊外での暮らしはとても理にかなっていると思う。しかし子どもたちがみんな巣立ったあかつきには、私も家を出よう！　持ち物はほとんど処分し（そんなに多くはないだろうが、思い出の品は空調完備の倉庫にまとめて預けよう）、1年ごとに様々な都市ですばらしいアパートを借りて過ごし、飽きるか死ぬまでその生活を続ける構想だ。ニューヨーク、バルセロナ、アマルフィ、シドニー、メルボルン、香港、ラホヤ、ナパ、気の赴くままどこへでも！

「物」を持つことが何でもかんでも悪いと言いたいわけではない。かく言う私も、車を何台か持っているし、猫も2匹飼っている。ただ、物にはすべて時間という代償が必要だし、物を手に入れるなら、その前によく考えるべきなのだ。

小さな赤いかばんひとつに収まる量しか物を持たないのは、私たちの望みではないかもしれない。とはいえ、物がなくても幸福なことが明らかなダライ・ラマに、何かしら考えさせられるところもあるのではないだろうか。

80対20の思考

パレートの法則を扱った本章から学ぶべき重要な教訓は何だろうか。それは、電卓を持ってかけずり回り、生活の様々な面において「この場合の80％は？」「20％は？」と実際に計算して回ることではない。

重要なのはむしろ、桁外れの利益をもたらす少数の物事や活動を見極めるための思考を身につけることだ。そのために、以下のことを心がけよう。

- 手っ取り早い方法がないか探す。
- 最も重要なことには特別に力を入れ、他は「そこそこ」で妥協するか、一切やらない。
- 2、3の分野に絞って卓越したスキルを身につける。すべてに熟達しようとしない。
- 自分にとって特に重要な20％の目標や活動がわかれば、働く時間もストレスも減り、もっと幸せになれることを理解する。

あなたの80対20を考えよう

- 起業家なら……80対20の思考を活かせば、事業の戦略計画から脱線することがなくなり、次々と新たなチャンスを追い求めることも減るのでは？
- 管理職なら……80対20の思考を活かして、限られたリソースから最大限のリターンを得られるようにしよう。
- フリーランスなら……80対20の思考を活かして、特に重要な顧客に労力とサービスを集中させよう。
- 学生なら……80対20の思考を活かして、テストに特に重要な項目を絞り込もう。
- 専業主婦／夫なら……80対20の思考を活かせば、正気を失うことなく家庭を切り盛りできるのでは？

あなたの価値の80％を生み出す20％の時間は、どの時間だろうか？

秘訣⑩

成果の80％は、20％の活動から生じる。

11

ハーバードの3つの質問

——3つの簡単な質問で、週8時間節約することはできるか？

「最優秀プログラマー」は怠け者

2013年1月、複数の報道機関がボブの驚くべき実話を伝えた。

ボブはそのプログラミングのスピードと品質から、社内の「最優秀プログラマー」に選ばれ、高い業績評価を受けていた。彼は模範的な従業員だった。というのも、40代半ばのボブは、毎朝9時までにタイムカードを押し、5時には一日の成果報告を上司に送信して退社するのだ。

だが、彼が一体どんな時間の使い方をしているのか、終日、肩ごしにこっそりのぞき込めるとしたら、不可解な光景を目にすることになるだろう。

ボブの典型的な一日はこうだ。9時〜11時半はレディットとユーチューブの動画を見る。その後、昼食に出かけ、1時間半後の1時に戻る。それからの3時間半は、イーベイやフェイスブック、リンクトインなどのソーシャルメディアを見て過ごす。4時半、上司への報告を書き、送信後、家に帰る。プログラムは一行足りとも書いていない。翌日も同じである。

一体どういうわけだろう？　ボブが会社の花形プログラマーになるなんてことが、どうしてありえるのだろうか？　一日中、仕事をさぼっているこの状態で？

実は、ボブはとても利口だったのだ。「この仕事にどう取り組めばいいか？」と自問する代わりに、「どうしたらこの仕事は片づくか？」と自問したのである。

ボブの出した答えは、「仕事を外部に委託する」。そしてボブは実際に、自分の仕事を中国・瀋陽のソフトウェア開発会社に委託した。ボブの会社が、ボブの働きに対して年間およそ20万ドル払い、ボブが、仕事を肩代わりした中国のプログラマーに5万ドル払う。

ボブの生産性と品質の高さに会社が感嘆する一方で、ボブは一日8時間インターネットをする。そんな日々がずいぶん長く続いた。

しかしとうとう、会社が中国からの異常なサーバーアクセスに気づき、ハッキングを疑い、調査を進めるうちに、ボブの華麗な陰謀が発覚した。会社は不快感を覚え、ボブは解雇された。

◇研究による証明

「人に委託できるものを積極的に探す人のほうが、高い生産性、幸福感、気力を申告する。また、『過労で参っている』と感じる可能性が低い」（ザ・クルーズ・グループによる2015年の研究より）

もし私がその会社のCEOだったら、ボブの給料を倍にし、ボブを最高技術責任者にする。そうすればボブは開発作業をすべて外部委託でき、会社にとって何百万ドルもの節約になっただろう。

社内規定に違反したという理由でボブは最終的には解雇されたが、彼の物事の片づけ方から学べることは多い。

■成功者たちの証言

「自分の一日を、より高い視点から捉えよう。（中略）時間をかけることでお金を稼ぐのはやめ、専門技能を活かし、残りは人に委託するのだ」

――ジェフ・ムーア（2社のシーフード会社の社長、世界的なマスターマインドグループであるサーズデイ・ナイト・ブラッドルーム創設者）

断念か、委託か、再設計か

ジュリアン・バーキンショーとジョーダン・コーエンのふたりの教授が行った生産性に関する実験の結果が、2013年9月、ハーバード・ビジネス・レビュー誌に掲載された。それによれば、知識労働者の時間の41%は、必須ではない活動、しかも個人の満足感に乏しい、他者でもできる活動に費やされているという。

では人々は、なぜこのような活動を続けているのだろうか？

ふたりの教授は、「忙しくしていれば偉くなった気になれる」と指摘している。タスクを進めるにつれ、積極的に取り組んでいる気になり、満足感を得られるのだ。会議は退屈なものが多い一方、デスクを離れてささやかな交流をするチャンスでもある。

しかし教授たちの指導で、いったん仕事の手を緩め、自分の活動を新たな視点から考えるようになった者たちは、途端に膨大な時間を確保できるようになった。平均すると、実に1週間につきデスクワークを6時間、会議を2時間削減することができたのである。

ここまで大幅な時間削減をどうやって実現させたのか？

実は教授たちは全員に、仕事を次のような視点から分析するよう指導したのだ。

- **断念する**：あきらめていいものはないか？　完全にやめられるものはないか？

- **委託する**：部下に任せられるものはないか？　外部委託できるものはないか？
- **再設計する**：自分でやり続けるべきものは何か？　それを能率のよい、別のやり方でできないか？

教授たちの指導を実践するために、あなたも先週取り組んだすべての仕事や会議を一覧にし、以下の手順に従おう。

①「私や会社にとって、この仕事はどれだけ価値があるか？　この仕事を完全にやめたらどんなことが起きるだろうか？」と自問する。
②「この仕事は私にしかできない仕事か？　社内外で他にやれる人がいないか？」と自問する。
③「もっと手っ取り早いプロセスで同じ成果を上げられないか？　もし半分の時間しかなかったら、どうやってこの仕事を終わらせるだろうか？」と自問する。

断念・委託・再設計の対象とすべき価値の低い仕事を見極めるには、そのためのデータが必要だが、この３つの質問をすることで、そのデータを得られるだろう。

■成功者たちの証言

「外部委託に使えるお金がほんの少しでもあるなら、それを惜しまず、人の時間を買う。ここがポイントだ。自分の168時間をしっかり設計したら、あとは他者から時間を買って増やしなさい」

――シェーン・サムス／ジョセリン・サムス（何十万ドルもの売上を誇るデジタル・ポッドキャスト販売事業を構築、オンラインビジネスによって様々な家族の人生を逆転させるサイト「FlippedLifestyle.com」創設者）

10代で助手を雇ったアンソニー・ロビンズ

今でも思い出せる。8月のある暑い土曜日、25歳の私は、自宅の庭で芝刈りをしていた。当時は新興企業のCEOで、労働時間は週80時間以上。睡眠はほとんど取れず、運動はまったくできず、人づきあいは皆無。それなのに、2時間かけて芝生を刈り、際刈りをしていたのである。

あごから汗がしたたり落ち、顔はじりじりと日に焼かれた。ほこりと草の花粉がもうもうと立ち上がるなか、雑草だらけの丘の上方に向かって芝刈り機を懸命に押し進めながら、頭の中ではずっと、月曜までに作らなくてはならないスライド資料や、返信すべき何百ものメール、さらに寝室のペンキ塗りや洗濯、食料品の買い出しのことを考えていた。

それなら、なぜ芝刈りをしてくれる若者を雇わなかったのか？

お金がまったくなかったからだ。いや、お金がまったくないと思っていた、と言うべきだろう。

最近アンソニー・ロビンズのインタビューを見ていたら、似たようなエピソードが出てきた。ロビンズは駆け出し当時（まだ10代の頃）、無一文だったにもかかわらず、ひとまず一日2時間の手伝いを雇うしかないと悟ったそうだ。彼は次のように述べている。

> まず何が大変かと言えば、この仕事は自分にしかできないと感じることでしょう。自分ひとりでやっていると時間は限られます。そのうち子どもや家族や友人もできる。一体どうやってすべてをこなすんだ、という気分になるわけです。
> 答えは、人を雇う。トレードするのです。お金と引き替えに2時間を手に入れる。私は創業の初期にそうしました。
> まだ本当の駆け出し、仕事を始めたばかりの頃は、2着しかないスーツを取りに行くためにクリーニング屋に駆け込んでいました。スーツを受け取れなかったら、つまり受け取る前に店が閉まったら、「飛行機に乗れませんからね。スーツを受け取ったら汗だくになりながら死にものぐるいで空港まで駆けつける。まあ、クリーニング屋まで走った時点で汗だくなんですけど。そうやって汗まみれでクリーニング屋のドアを開けると、「今の自分、何かおかしくないか？」と思うわけです。

本来なら、ものすごく生産的なことをやれるはずなのに、実際にはクリーニング屋で並んでいる。ばからしいとしか言いようがない。だから、私はほんの……17、18、19ぐらいのときかな、正確な歳はちょっと覚えていませんが、こう言ったのです。「人を雇うぞ」って。最初の頃は一日2時間。その後は一日4時間。

そういうわけで、私自身は、他にもっとうまくやれる人がいることはやらないし、私の時間を最高かつ最良に活用できることしかしません。

たとえ自分にはまだ早いと感じても、お金を払って手伝いを雇うべきだ。毎週芝刈りをしてくれる若者を道ばたで雇ったところで、いくらもかからないはずだ。

そして、専業主夫のあなた。自分ひとりの時間を持つために、大卒のフリーターを雇って、午後の1時間、子どもたちの面倒を見てもらったって、たいした出費にはならないのではないか？

■成功者たちの証言

「やりたくないことや苦手なことをやる以上に、無駄で非生産的なことはない。そのカテゴリーに当てはまるものは何であれ、できるだけ早く、他の人（理想を言えば、情熱と適性を兼ね備えた人）に委託しなくてはだめだ。そういう類いの仕事を続ければ続けるほど、自分のやることを心から愛せるような生活、充実感を得られる生活は遠ざかってしまう」

──アンドリア・ウォルツ（ベストセラー『Go for No!』共著者、プロ講演家）

「私は、あらゆる便利なシステムを活用して、外部委託できるものは何でも外部委託している。2日以内に欲しい商品がある場合はアマゾン・プライム、食品雑貨の宅配はピーポッド。だから、わざわざ店舗に行く必要がない。ファンシー・ハンズというサイトに行けば、予約を取ったり、業者を探したり、製品を検索したりできる。サムタックではあらゆる家事代行サービスが探せ、ゾックドックでは診察の予約が取れる。小さな子ども2人の母親をやりながら、複数の事業所を持つ代理店を経営していると、利用できるものは何でも利用しないとやっていけない！」

──キム・ウォルシュ・フィリップス（ダイレクト・レスポンス・ソーシャルメディア・マーケティングの第一人者、ベストセラー作家、基調講演者、ＩＯクリエイティブ・グループ創業者）

ベンチャー投資家が考える「庶務」の価値

あなたは新興企業のＣＥＯだろうか？　本当に優秀な事務アシスタントを雇ったらいくらかかるだろうか？　コンピュータの使い方を知っていて自分で庶務をやれるのに、わざわざ庶務担当を雇う理由などあるのだろうか？

私には、欠かさず読んでいるブログが2つだけある。そのうちのひとつを書いているのがベンチャー投資家のマーク・サスターだ。彼はブログ「Both Sides of the Table」で新興企業の起業家たちに助言を与えていて、その中の「『Aラウンド』のあとで最初に雇うべき職種」という記事で、庶務担当の価値を強く訴えている。

投資の第一ラウンドが終了した後、最初に雇うべき人は庶務担当者もしくは事務アシスタントだ。

「何ですって？　冗談でしょう？」

いや。

あなたが会社を興し、コストをコントロールしている段階では、私は大いに攻めの姿勢で投資したいと思っている。とはいえ、あなたの手元に少々の現金がある段階になったら、パフォーマンスも同じくらい重視する。これまで、些細な用事に追われて身動きが取れなくなるCEOや創業者を星の数ほど見てきたからだ。みな、攻めの時期からやるようになった雑用に慣れてしまっていたのだ。そして、その状態から脱皮できずに苦労していた。

今から言うことをよく考えてほしい。起業まもない時期の最重要資産は会社の経営陣であり、創業メンバー以上に貴重な人間はおそらくいないだろう。それなのに、経費の請求、ホテルの予約、会議の日程調整、水がちょろちょろ流れっ放しになっているトイレの対応、給与処理、コンピュータの発注などで手いっぱいになっていていいのだろうか。

庶務を雇わなければ、自分が庶務だ。

たとえあらゆる事務作業を自分でできるとしても、それが自分でなければならない理由がどこにあるだろうか？　郵便局に走ったり、小切手帳の帳尻を合わせたり、航空券を取ったりする時間があるなら、見込み客を訪問したり、何かを習ったり、戦略的な考察をするほうがいい。自分ならではの強みを活かせること、影響の大きい活動にできるだけ多くの時間を割こう。会社を飛び出してオフィス用品店に印刷用紙を買いに走るのは、そのカテゴリーに該当する仕事ではないはずだ。

■成功者たちの証言

「得意なことに専念し、それ以外のことは人を雇え」

──ルイス・ハウズ（ベストセラー作家、起業家、元プロスポーツ選手、ポッドキャスト「The School of Greatness」司会者）

何でも〝ウーバー〟できる

ティモシー・フェリスの『「週4時間」だけ働く。』のヒット以来、バーチャルアシスタントがちょっとしたブームになっている。バーチャルアシスタント（ＶＡ）を使うことは当初、インドやフィリピンの人を雇い、メールチェックやスケジュール調整、その他の事務作業をやってもらうことを意味していた。こうした手配の便利さを実感した人がいる一方で、言葉の壁にぶつかり、仕事の質があまりに低く受け入れがたいと感じた人がいたのも事実だ。

しかし、そのような黎明期からＶＡの概念は大きく発展し、今では「わずかな事前計画でほぼすべてのことを外部委託できる」と考えられている。

ウーバーが、オンデマンド・モバイル・サービス（ＯＤＭＳ）の概念を普及させた企業であることは間違いない。かつては運転手付きの「お金持ちの有名人」をうらやましがっていたのを覚えているだろうか？　あの頃は「帰るぞ、ジェイムス」なんて定番ギャグを言ったものだが、今ではウーバーのアプリをタップすれば、お抱え運転手が現れて、目的地まで連れて行ってくれる。

食料品の買い出しに時間がかかって仕方ない？　自分の住んでいる地域でインスタカートやピーポッド、フレッシュダイレクトといった買い物代行・宅配サービスが使えないか確認してみよう。保存の利く食料品であれば、アマゾンの「定期おトク便」を使うといい。

インターネットでの調べ物、ソーシャルメディアの更新、レストランの予約、ケーブルテレビの解約などをやってくれる人が必要？　それならファンシー・ハンズ（バーチャル秘書サービス）がある。

終わらせないといけない雑用がある？　タスク・ラビット（雑用代行サービス）で、オーブンの掃除やイケア家具の組み立て、クローゼットの整理をするために跳んで来てくれる人がいないかをチェックしてみよう。

フリーランスの人に頼みたい諸々の仕事なら、ファイバー、フリーランス・ドットコム、アップワーク（いずれもクラウドソーシング・サービス）のチェックをお忘れなく。

『「週4時間」だけ働く。』が刊行された当初は、外部委託は目新しい存在だった。しかし今や、仕事は最適な人に任せればいいという考えが当たり前になり、相手がどこにいようと誰も気にしなくなった。ＷｉＦｉ、スカイプ、メール、それにアサナやスラックのようなプロジェクト管理ツールのおかげで、遠隔地のメンバーと働くことは、さほど大きな問題ではなくなっている。

私はフィラデルフィア市の郊外に住んでいるが、あらゆる個人的な用途でバーチャルの助けを借りている。

- 私は本の装丁を複数の人に頼んでいるが、そのひとりはクラリッサといい、シンガポールに住んでいる。クラリッサがどんな容姿をしているのかは、まったく見当がつかない（メールでしかやりとりしたことがない）。

・バラジはインドに住んでいる。彼のチームには研究プロジェクトやデータ分析、スライドデザインをお願いしている。

・セレーナはメールチンプ（メール配信サービス）の技術的な疑問に答えてくれる（初めて連絡を取ったとき、彼女はアイルランドにいた。現在はタイにいる）。

・私の本の編集者のひとりであるカミールは、ファイバーで見つけた（プロフィールにはアメリカ在住と書いてあるが、アメリカのどこに住んでいるのかは知らない）。

・マットとクリスは、私のウェブサイトを運営している（対面で会議をしたことは一度もない）。

こうした遠隔地のフリーランス陣に日常的に仕事を任せるだけでなく、地元でも以下の作業を外部委託している。

・週60ドルで、ある企業に芝刈りを委託。

・１００ドルで、雪が降ったときの私道の雪かきを人に委託。

・2週間ごとに１５０ドル払い、清掃サービスに家を清掃してもらう。

・1回1時間につき20ドルで女性を雇い、子どもたちを学校に送り出すのを手伝ってもらう。

・簿記係を雇って、公私両方の経理を一任している。自分では決して小切手を書かない。
・家を維持するために、配管工と電気技師と塗装工を雇っている。

今でも自分で洗濯するマーク・キューバン

では、外部委託すべきでないものは何か？

ここで注目してほしいポイントがある。私は週に2、3回、朝の手伝いに来てくれる人を雇ってはいるが、3人の子どものためにフルタイムのシッターを頼んだことはない。住み込みやフルタイムのシッターを雇っている親友たちもいるが、私自身がそうするのは、決して気持ちのいいことではない。

私としては、他人が家に住むのは嫌だし、子育ては私が最も重視していることなので、できる限り自分でやりたいと思っている。幸い、それが十分可能なくらいにはスケジュールの自由が利く。

私とは違う選択をしている人たちを批判しているわけではない。収入と出世が犠牲になっていると承知の上で、あえて子育てをしているのだ。

私は食料品の買い出しも自分でやる。それも毎日か一日おきに。時間最適化の観点から考えるとまったく無意味な行為だが、案外楽しいのだ。新鮮な果物や野菜が（場合によっては魚も）手に入るし、店内はいつも一気に回るようにしている。在宅勤務だから、買い物は外の空気を吸って日光を浴びるいい口実にもなる。

また、億万長者のマーク・キューバンはテレビ番組「シャーク・タンク」で、未だに自分で洗濯していることを明かしているが、私も同じである。週に1回、人を呼んで洗濯してもらったり、クリーニング店に洗濯物を出しに行ったりするのは、私にとっては簡単なことだ（自分にとっても簡単だという人は、洗濯を外部に委託したほうがいいかもしれない）。ただ私には、自分で洗濯をするという行為が、どことなく地に足の着いた行為に思えるのだ。

結論を言うと、あなたはできるだけすべてのものを外部委託するようチャレンジすべきだ。ただし、以下のいずれかに当てはまるものは例外である。

①自分にとっての楽しみであり、心身を癒やし回復させる過程で必要なもの。
②自分のこだわりとして、やり続けたいもの。
③自分でやるよりも外部委託するほうが1時間以上余分に時間を食うもの。

■成功者たちの証言

「1年ごとに自分の時間の使い方を振り返り、最低でも15％の行為を委託する方法を見つけなさい」

──ジェイ・ベーア（コンビンス・アンド・コンバート創業者、基調講演者、『Youtility』著者）

あなたが外部委託するメリット

・起業家なら……積極的に外部委託すれば、自分独自の能力を活かせる仕事にもっと時間を割けるのでは？
・管理職なら……積極的に外部委託すれば、プロジェクトの経費を削減できるのでは？
・フリーランスなら……積極的に外部委託すれば、自分の本当の才能を活かせる仕事にもっと時間を使えるのでは？
・学生なら……積極的に外部委託すれば（洗濯などが対象になるだろう）、大きな試験のための勉強時間を増やせるのでは？
・専業主婦／夫なら……積極的に外部委託すれば、運動やリフレッシュの時間を数時間確保できるのでは？

来週、あなたは何を外部委託する予定だろうか？

秘訣⑪

自分の強みと情熱を活かせることに、集中的に時間を注ぐ。

12

テーマのある毎日

――スケジュールに簡単な変更をひとつ加えるだけで、生産性を飛躍的に向上させられるとしたら？

ジャック・ドーシーの生産性の秘訣

ジャック・ドーシーはツイッターの共同創業者にして、スクエアの創業者兼ＣＥＯという肩書きを持つ。一時期はフルタイムで両社をかけ持ちしていた。各社８時間ずつ、計16時間勤務である。２０１１年の国際会議「テコノミー」で行われたインタビューで、ドーシーは自分の生産性の秘訣について次のように説明している。

このような働き方をするためには、しっかり自制し、地道な練習を重ねるしかない。

私には、一日のテーマを決めるのが効果的だった。たとえば月曜日は、両社で管理と会社経営に専念する日とし（中略）、スクエアでは会議で経営上の指示を出し、ツイッターでは常務会を開催する。その日は自分の経営課題すべてにひとつひとつ取り組む。火曜日のテーマは製品、水曜日はマーケティングとコミュニケーションと成長、木曜日は開発者とパートナーシップ、金曜日は会社と文化と採用。土曜日は休んで、日曜日は振返り、フィードバック、戦略、翌週の準備。

四六時中、割り込み仕事が入るが、そうやってテーマを決めておけば割り込みにすばやく対応できるし、「火曜日だから製品会議がある。製品関係の仕事に集中しなければ」とわかる。会社の他部門とも足並みがそろう。私たちはいつだって情報をオープンにしている。先週どこにいたのか、来週はどこにいる予定なのか、常に明らかにしている。

ジョン・リー・ドューマスの場合

ジョン・リー・ドューマスは日次配信のポッドキャスト「EntrepreneurOnFire」の成功によって、わずか数年で百万ドル規模のビジネスを築いた。彼の同僚、ケイト・エリクソンは、２０１４年を振り返ったブログ記事の中で、日々のテーマを決めたことによって自分たちのビジネスにどのような効果があったか述べている。

曜日ごとのテーマを作るという点は、私もジョンもうまくやれたと思う。たとえば、ジョンの「ポッドキャストの日」は火曜日。「EntrepreneurOnFire」のインタビューはすべてその日にやっている。

別の例を挙げると、水曜日は私たちの「オンラインセミナーの日」。この日は、ポッドキャストのライブ・ワークショップやウェビナー・ワークショップ、会員限定のウェビナーをやっている。

日々のテーマが決まっていると、その先の計画が立てやすいし、計画から脱線しにくい。ひとつのテーマのために丸一日確保しておけば、もっと余裕を持って作業を進められるようになり、翌日に延期してしまうことが減る。

ダン・サリバンが提案する3つのテーマ

起業家コーチとして高名なダン・サリバンは、以下の3種類の日を組み合わせて1週間を構成するよう提案している。

- **集中日**：いわゆる「勝負の日」で、自分にとって最重要の活動（主に収益性のある活動）を行う日。できれば自分ならではの才能を活かすべき日でもある。したがって、この日には一番得意なことをやろう。

・**予備日**：たまったメールや電話への対応、社内会議、仕事の委託、書類仕事をやる日。また、仕事関係の研修や教育活動はすべてこの日に終わらせる。

・**休日**：仕事を一切しない日。レジャーや余暇、慈善活動などを行う。仕事以外のメールや電話、考え事はこの日にやろう。活性化の時間と言える。

私の典型的な1週間

ドーシーやドューマス、サリバンほどではないが、私も日々のテーマを決めるようにしている。私の典型的な平日はこんな感じだ。

月曜日

平日の初日は、社内会議を行う（この点はドーシーと同じだ）。直属の部下とひとりひとり面談し、先週の主な動きに加え、今週の活動と目標を確認する。また、社内の状況認識を統一するため、一日の終わりにはチームミーティングを行い、その週の各自の予定を手短に共有する。

正直に言うと、私は月曜日が好きではない。会議が嫌いだからだ。しかし「小会議」によって翌日以降の4日間が非常に生産的になるとわかっているので、「小会議」で1週間のスタートを切るスタイルは大変気に入っている。

火曜日～木曜日

各週の中盤は「集中日」だ。私の現在のビジネスでは、この日に、新しい本を書いたり、Eラーニングの講座を計画したり、販促資料を作成したりする。これは収益を生み出す「アウトプット」であり、間違いなく私独自の強みを活かした「アウトプット」でもある。

金曜日

平日の最後の日は「予備日」とし、請求書やたまったメールの処理、読者への対応を行う。

応接時間もテーマ化する

私は曜日ごとのテーマを決めるだけでなく、各月の最終金曜日はランチやお茶の約束を入れる日と決めている。

私のところには毎週「お茶しませんか？」という依頼が殺到するが、それに応じたい場合は、とにかく月の最終金曜日で一番早い空き時間に予定を入れるようにしている。おかげで、ニュータウンにある「ラ・スタッラ」のウェイターたちには、いつもおもしろがられる。毎回午前11時に現れ、ずっと同じテーブルに居座っている私のところへ、1時間ごとに話し相手が入れ代わり立ち代わりやって来るからだ。一日の最後に伝票を手に取ると、たいていランチが3、4食（私が食べたのは1食だけ）、コーヒーが10杯くらいになっている。

ベストセラー作家のデイブ・カーペンも同様に、外部との打ち合わせを入れる時間帯を週単位で設定している。カーペンは私にこう説明してくれた。「会って話がしたいという人がいれば誰であろうとたいてい受け入れるが、そうした時間は1週間に1時間しか設けていない」

休暇は予備日で挟む

昔は休暇が大嫌いだった。休暇がストレスだったのだ。休暇という考え自体はすばらしいのだが、休暇の前日になると、通常業務をこなしながら、大量の引き継ぎのために四苦八苦することになる。そして休暇初日は、電話やメールを使って、終わらなかった仕事の処理に明け暮れる。反対に音信不通を決め込んだ場合も、「あの仕事はどうなっただろうか」と気になって仕方がない。休暇から戻った日は吐き気がしたものだ。たまりにたまったメールや電話の対処で再びてんてこ舞いになりながら、また会議だらけの日常に飛び込まなくてはならない。

休暇の質を飛躍的に向上させたければ、前後を予備日で挟めばいい。遅れを取り戻す日を休暇の前後に予定しておくのだ。特に休暇明けの日は、あらかじめ計画された会議はもちろん、プロジェクトの仕事も、休暇中の進捗を聞き出すためのランチも一切入れず、たまったメールや電話に対処し、手短な「立ち会議」をしてスムーズに業務復帰しよう。このように、きちんと引き継ぎをしたり、復帰後に遅れを取り戻したりする時間があるとわかっているだけで、休暇中も本当の意味で休息し、リラックスすることができるだろう。

この作戦を成功させるには、庶務担当者に次のように伝えておくことが肝心だ。「この日には戻りますが、みんなが見るスケジュール表は『休暇中』のままにしておいてください」。これで、休暇明け初日に会議の予定を入れられたり、ドアを開けて中に入った途端に待ち構えていた部下たちに飛びつかれたりすることはないだろう。

あなたの日々のテーマを考えよう

- 起業家なら……製品開発の日と顧客獲得の日を設けよう。
- 管理職なら……社内会議の時間はもちろん、自由に考え事をする時間を設定しよう。
- フリーランスなら……1週間に1回、集客や費用請求のような面倒なことに対処する専用の日を設けよう。
- 学生なら……1週間のうち一晩を「みんなで遊ぶ日」、もう一晩を「図書館で勉強する」と決めてみよう。

・専業主婦／夫なら……日曜日の午後は、１週間分の食事の下ごしらえをする日にしてみよう。

日々の予定がしっかり管理され、自分の力を最大限に発揮できるようになったら、どんなに生産的になり、どんなにストレスが減ることだろうか？

秘訣⑫

同じテーマの仕事をひとまとめにし、毎週同じ曜日に割り当てる。

13

「一度しか触らない」ルール

――毎日の習慣に小さな変更をひとつ加えるだけで、一日の時間が何十分も増え、気力も温存できるとしたら？

郵便物をどう仕分けるか？

毎日の郵便物の扱い方を見れば、その人について多くのことがわかるものだ。かつての私のやり方はというと……

職場での長い一日が終わって帰宅すると、外に出て郵便受けから郵便物をつかみ取り、台所に戻る。好奇心半分、面倒くさい気持ち半分で、郵便物の束をめくっていく。チラシ、電気料金の請求書、チラシ、住宅ローンの明細書、チラシ、チラシ、雑誌、差出人不明の手書きのカード、チラシ、チラシ、自動車ローンの明細書、チラシ、チラシ。

小さなカードがやたらと目につき、すぐに開封する。息子宛に送られてきた、数週間後の誕生日会の招待状だ。スマートフォンでスケジュールを確認する。どうやら息子は行けそうだ。念のため後日、他の予定がないことを確認しよう。

招待状を置き、電気料金の請求書を開ける。エアコンをかけまくっていたが、電気代はどれぐらいかさんだだろうか……なんと！　意を決して、他の請求書類も封を切り、期限を確認する。

請求書を置き、ビジネスウィーク誌を手に取ってパラパラとめくる。見出しを2、3本見ながら、あとでその中のひとつを読むのを忘れないようにしようと考える。

雑誌を調理台に置いて、ようやく夕飯作りに取りかかる。その後どうなるかはだいたい予想がつく。その日の夜遅く、再び郵便物に向き合って仕分けをし、チラシをすべて処分する。雑誌は台所に置きっ放しにし（こうして家が散らかっていくわけだ）、残りは仕事部屋のデスクに放り投げる。後日、支払いのために再び請求書を開け、再び招待状を開け（覚えていればの話だが）、再びスケジュール表を眺めて返事を送る。

こんなふうに郵便物を処理しているからといって、たいした問題には見えないかもしれない。しかし、このような処理方法はえてして、人間のあらゆる物事に対する行動パターンを象徴しているのだ。そう、人は何度も同じことを繰り返す。

メールを処理する場面を思い浮かべてみよう。「チーン」と鳴るたびに差出人と件名にさっと目を通すのではないだろうか。その後、メールを開くかどうか決める。開いて読んだ場合、今度は、そのまま受信箱に残してあとで返事をするかどうか決める。あとで返事をする場合、再び最初から読み直すことになる。

汚れた服を脱いで、寝室の床に投げ出すこともあるだろう。その後、それを拾ってクローゼットの中に積む。そして週に1回、あるいはクローゼットの扉が本当にもうこれ以上閉まらないという状態になったら、洗濯かごを取ってきて服を入れ、洗濯機まで運ぶ。いったんその場を離れ、あとで洗濯機のところに戻ってきて、やっと大量の洗濯に取りかかるのである。

「一度しか触らない」という考え方

大成功した人々は、ほぼ何に対しても、その場ですぐ対処する。それが効率的だと知っていて、可能なかぎり最短の時間と最小の気力で物事を処理したいと思っているのだ。要するに、「一度しか触らない」という考え方を実践しているのである。

今では私も「一度しか触らない」のルールに従い、郵便物を以下のように処理している。

- 郵便受けまで行って郵便物を取る。

・家に戻るまでの間に、歩きながら、チラシをすべてより分ける。
・途中、ガレージのリサイクル用ゴミ箱にチラシを放り込み、そのまま家に戻る。
・おかげで郵便物の中から雑誌を取り出すのも簡単だ。雑誌は、コーヒーテーブルに置いてある未読雑誌の上に重ねる。
・残った請求書（残っているのはそれだけだ。もう誰からも手紙は来ない）を手に取り、パソコン脇にある未払い請求書の上に置く。
・毎週金曜日の朝の30分を、請求書の支払いに充てる時間としてタイムブロックしているため、その時間までは封すら切らない。

私は「一度しか触らない」という原則の重要性を心から信じているので、5分以内で終わる作業はすぐにやることをお勧めする。元の予定に差し障らない程度の作業なら、あとでやり直すよりもその場でやったほうが得策だ。

■成功者たちの証言

「終わらせるべきタスクが小さなもの（5分以内で終わるもの）であれば、後回しにせず必ずその場で終わらせると決めている。そうすれば、一日の最後に、やり残したタスクがずらずらと挙がることはない」

――ニーアー・スーター（コーネル大学のオールＡの学生）

メールも「一度しか触らない」

ほとんどの人は、メールが届いた時点ですぐ読む。あるいは、受信箱を開いて新しいメッセージがたまっているのを見たら、すぐにメッセージをクリックして読む。そして、返事がほんの数語で済む場合以外は、メールを閉じて、あとで対処する。これではもう一度メールを開いて読み直さなければならないではないか！

そんなやり方はやめて、メールはすべて即座に処理したほうがいい。ここで、私が今朝実際に取った行動を、心に浮かんだ葛藤とともに紹介しよう。

午前11時。健康維持のために行っている朝の習慣を済ませ、子どもたちを学校に送り出した後、執筆に集中し、予定の2時間を終えたところだ。メールを確認する時間である。大きく息を吸う。

1通目はグーグル・アラートだ。自分の名前を監視するよう設定してある。アラートを見ると、予約投稿しておいたブログ記事が今朝公開されたとわかった。記事に問題がないことを確認するためブログに移動し、さっそくタイトルの誤字に気づく。やれやれ、修正しなくては。でもその前に、2、3分、残りのメールをチェックしよう。

だめだめ、一度しか触るな！ 心の声で大事なことを思い出す。すみやかにワードプレスを開いて誤字を訂正し、「公開」をクリックする。

2通目はフリーランスの人から。雇用主番号を知らせるメールだ。これで経理が税務書類を作成できるようになった。あとで一言添えて、このメールを経理に送らなくてはならない。

だめだめ、一度しか触らない！ 転送をクリックし、言葉を数行添える。経理に送信。

次は弁護士からのメールで、請求書が添付されている。え!? 請求されるような覚えはないぞ。ＰＤＦをクリックする。請求書は正しかった。商標の問題で世話になったのを忘れていたのだ。うう、つい昨日、請求書の支払いを済ませたところなのに。

請求書を印刷して、未払い請求書の山に置き、普段どおり、週次の請求書対応の時間に処理することもできる。それとも一度しか触らないで終わらせるか。**今すぐやれ！** 幸い、その弁護士はクレジットカード払いも受け付けている。弁護士のサイトでクレジットカードの情報を入力し、送信する。たった3分しかかからなかった。

さて次。私は最近ペンシルベニア協会に入会して会費を送ったのだが、その会が非営利かどうか教えてくれという人からメールが来ている。そんなことわかるわけないだろう。誰に投げればいいんだ、このメールは。ああもう、**とにかく今すぐ片づけよう**。ブラウザで新しいタブを開いてペンシルベニア協会のサイトにアクセスし、組織の概要説明にざっと目を通す。非営利・非課税であるとの記述はない。「非営利じゃないと思います」と返事を書き、送信。終わり。

次。私の講演料とスケジュールの空き状況についての問い合わせだ。バーチャルの庶務担当に転送。一言も入力しない。それでも庶務担当は何をすべきかわかるはずだ。

こうして、メールがすべてなくなるか、予定した30分を過ぎた段階で、メールは完全に閉じる。そして午後遅くに再びメールを確認する。

「一度しか触らない」でスケジュールに入れる

すぐに対処できないメールは、後日対処するためにスケジュール化しておこう。これはとても効果的な対策だ。ここで思い出してもらいたいのだが、使うのはToDoリストではなく、スケジュール表である。

たとえば、つい先ほど妹のデビーからメールが送られてきた。私としてはメールで返事をするのではなく、電話をかけて直接詳しく話したい。とはいえ、ToDoリストの最後に「デビーに電話」という項目を加えたりしない。受信箱にメールを放置したりもしない。そんなことをすれば妹のメールは埋もれてしまうかもしれないし、永遠に対処せずに終わってしまうかもしれない。そうではなく、スケジュール表に「デビーに電話」する時間を設けるのだ。

私はGメールとグーグル・カレンダーを使っているので、以下の手順に従えば、そのとき開いているメールから簡単にカレンダーの予定を作成できる。

①ウィンドウの上部中央付近にある「その他」ボタンをクリックする。
②ドロップダウンメニューの「予定を作成」を選択する。
③新しいタブが開き、グーグル・カレンダーの新しい予定入力欄が表示される。その際、日時には自動的に現在の日時が設定され、予定名としてメールの件名が入力される。メールの本文は「説明」欄に表示される。
④任意の日時に変更し「保存」をクリックする。以上！

マイクロソフトのアウトルックを使っている場合は、さらに簡単だ。メールを開いた状態で「予定表」をクリックするか、画面右側の予定表の日付にメールをドラッグするだけでいい。

もっと詳しく知りたい場合や、やり方を解説したスクリーンショットを見たい場合は、グーグルで「メールから予定を作成する方法」と入力してみよう。

片づけも「一度しか触らない」

部屋が散らかっていると、イライラして落ち着かなかったり、捜し物をする時間が増えたり、いずれ「家を掃除する」という予定を入れなければならなくなる可能性がある。

私は3人の子どもに、「一度しか触らない」を実践しなさい、と教えている。以前の子どもたちは、使い終わった皿をテーブルから下げると、それを流し台近くのカウンターに置いていた。結局、私がもう一度流し台へ行き、もう一度その皿を取り、食器洗浄機に入れていたのだ。

今では子どもたちは、食事を終えたら自分で皿とコップを流し台へ持って行き、軽くすすぎ、そのまま食器洗浄機に入れることを覚えた。

洗濯物も同じである。子どもたちが、脱いだ靴や靴下をソファの脇に放り投げて、そのまま忘れてしまうことはなくなった。もし靴を脱いだら、すぐに自分の部屋に持って行くか、ドアのそばに置く。

洗濯に関してはさらなる策があり、私のウォークイン・クローゼットには洗濯かごが2つ置いてある。ひとつは濃色用（水洗い）、もうひとつは白物用（お湯洗い）だ。こうすれば、クローゼットに投げ入れるついでに仕分けもできるのだから、あとで汚れた服を取り出していちいち仕分ける意味などないではないか。

あなたの「一度しか触らない」メリット

・起業家／管理職の場合……「一度しか触らない」ようにすれば、メールの受信箱をきちんと維持管理しやすくなるのでは？

- フリーランスなら……「一度しか触らない」ようにすれば、事務的な書類仕事を順序よくこなせるのでは？
- 学生なら……「一度しか触らない」ようにすれば、各教科の課題を一気に突破できるのでは？
- 専業主婦／夫なら……「一度しか触らない」ようにすれば、家をきれいに保ち、子どもの学校から送られてきた書類すべてに対処しきれるのでは？

繰り返し同じものに「触る」ことをやめたら、どれだけ時間が増えるだろう？　何度でも言わせてもらおう。一度しか触るな。

秘訣⑬

5分以内で終わるタスクは、すぐにやる。

14

朝を変えて、人生を変える

――その日一日の幸福感、生産性、創造性を高める「自分の時間」を、丸1時間取ることができるとしたら？

朝目が覚めるとつい、尽きることのないＴｏＤｏリストにプレッシャーを感じ、さっそくリアクションを開始してしまうものだ。一晩分のメールにリアクションし、ＳＮＳにリアクションし、スケジュール表の最初の項目にリアクションする。

自宅で健康的な朝食を食べたり、ランニングマシンに乗ったりするつもりだったとしても、いったんリアクションモードに入ってしまうと、「行きがけにコーヒーを飲んで、運動は夜やろう。それより早く会社に行って、こいつを片づけてしまったほうがいい」と考えがちだ。

大成功した人々は、自分にとって力やエネルギーの源となる朝の習慣を練り上げ、それを死守している。

■成功者たちの証言

「すっきりと目を覚ますと、30分間の瞑想をしてから、トレーニングエリアに移動する。そして体を鍛えている間に、豊富なオーディオ教材を利用する。そうすれば、その45分間で、体を鍛えると同時に心の栄養を養い、心を豊かにすることができる。最新ニュースを把握することがどんなに重要に思えようと、朝一番にニュースをチェックしたり、スマートフォンを見たりは絶対にしない。（中略）この朝の1時間を大事に守り、前向きで、きれいで、汚れがなく、創造的でインスピレーションに満ちた情報だけを取り入れるよう気を配っている。とりわけ創造的なアイデアは、このように守られた時間から（たいてい汗だくのときに）生まれることが多い。こうして9時までには元気とやる気が注入され、その日一日、何があっても立ち向かえる状態になる」

――ダン・ミラー（ニューヨーク・タイムズ紙ベストセラー『48 Days to the Work You Love』『No More Dreaded Mondays』『Wisdom Meets Passion』著者）

「家族より15分早く起き、誰よりも15分早く会社に入ろう。毎日朝一番に15分集中して考えれば、人生のどんな問題も解決できる」

――クレイグ・バランタイン（タービュランス・トレーニング考案者、ウェブマガジン

(「Early To Rise」編集者)

私の「不可侵の60分」

本書の冒頭で、私が愚かな若者だった頃の話をした。あの頃は、過労で自分自身を制御できなくなっていた。ベッドから飛び起きてシャワーを浴び、車に乗り込むまでが20分未満なんてこともよくあった。州警察のパトカーの存在に気づかず、その真横を猛スピードですり抜けたのは、まさにそんな日だった。

今になってみるとよくわかる。かつての私は危なっかしい生き方をしていただけでなく、そのせいで創造力や、物事を戦略的に考える能力、全体的な生産性すら損なっていた。

そういうわけで、バタートールもパトカーの追い越しも、もうごめんだ。近頃はこんなふうに朝を過ごしている。

- 午前6時~6時20分：起床。猫に餌をやり、コーヒーポットのスイッチを入れる。コーヒーを飲みながら、子どもたちの昼食もしくは朝食を準備し、子どもたちを抱きしめてから学校へと送り出す。
- 午前6時20分~6時21分：プロテインシェイクと水をごくごく飲む。
- 午前6時21分~6時22分：1分間、感謝する。

・午前6時22分～6時27分：集中的瞑想を行う。
・午前6時27分～6時40分：ポッドキャストをかけて、ヨガで体をほぐす。
・午前6時40分～6時50分：ウェイトトレーニング（やるのは1部位のみ）。
・午前6時50分～7時：シャワー、身支度。
・午前7時～：MITに取りかかる（中断はなし）。

以上が私の「不可侵の60分」の最短パターンだと考えている。あまり忙しくない時期なら、30～60分の有酸素運動を追加し、運動中にオーディオブックかポッドキャストを聞く。これを習慣にしてから、私の心境は驚くほど変化した。

・子どもたちと接点を持てたと思うと、親として嬉しくなる。
・プロテインを朝食にしたおかげで、満腹感はあるが動きが鈍くならないし、水を飲むと目が覚めるようだ。
・「感謝の姿勢」によって幸福感が増す。
・瞑想の効果は一切感じられないが、瞑想の科学的な根拠は信じている。5分以上やればもっと効果が得られるのではないだろうか。
・簡単なヨガのポーズですっかり快適に過ごせるようになった。もうすぐ50歳になるため、ヨガをやり忘れると即、体中に痛みとこわばりを感じる。

・ヨガや有酸素運動の最中にオーディオブックやポッドキャストを聞いておくと、その日に何が起きようと、すでに勉強や娯楽といった自分の時間を多少は持てたとわかっているので、気分がいい。

大成功者たちの朝の習慣

もちろん、成功した人々が全員まったく同じ習慣に従っているわけではない。しかし、ほぼ全員に共通するテーマを見つけるのは、驚くほど簡単だ。

・成功者のほとんどは早起きである（午前6時以前に起きる）。
・水をたくさん飲んで体を潤わせる。
・健康的な朝食を取る。ただし、健康的の定義は人それぞれ（フルーツとオートミール、グリーンスムージー、プロテイン、低GI食品など）。
・運動をする。
・瞑想や読書をしたり、日記をつけたりする人が多い。

ティモシー・フェリスの番組用に録画されたプロモーションビデオで、アーノルド・シュワルツェネッガーは自身の朝の習慣について次のように語っている。

私の朝の習慣はごくシンプルだ。毎朝5時に起床し、台所に降りたら、様々な新聞を読む。それからｉＰａｄに向かってメールなどをすべて処理する。（中略）2階に行って、ジムで45分から1時間ほどトレーニングし、有酸素運動をする。（中略）その後、朝食を取る。たいていはオートミールに、バナナやストロベリー、ブルーベリーをちょっと入れて混ぜ合わせもの、そしてコーヒーだ。朝食を食べ終わったらシャワーを浴び、仕事に出かける。

アンソニー・ロビンズは、自作のオーディオ教材『The Ultimate Edge』で、自らの「力の時間」を明かしている。ロビンズの朝は、呼吸法によるエクササイズから始まる。続いて、感謝していることすべてに思いを巡らせ、人生で手に入れたいものをすべて思い浮かべる。その後15～30分、決まり文句を唱えながら、ある種のエクササイズをする。

最近ティモシー・フェリスとの対談で語ったところによると、今は毎朝、冷却療法も行っており、室温が約マイナス１１０℃まで下がる装置の中で数分間立っているそうだ。

ショーン・スティーブンソンは健康とフィットネスの専門家で、ベストセラー作家でもあり、ポッドキャスト「The Model Health Show」の司会者としても活躍している。本書のための取材で、自身の朝の習慣について語ってくれた。

エネルギーがすべてだ。私たちには毎日一定量の意志力が与えられているが、エネルギーが低いと、その分、意志力の消耗も早い。私は大部分の創作活動は午前中にやりたいと思っているので、ノートパソコンに向かうときにエネルギーが高まっているよう、起床後の生活の中で少しずつエネルギーを蓄積していく。私にとって、起きたときに欠かせない習慣は3つ。

最初は、名付けて「体内浴」。約1リットルの高品質な水を飲む。これで、睡眠中に体内にたまった代謝性老廃物が排出され、代謝が活発になる。自覚はなくても、起床時人は脱水状態にある。水を飲めば瞬時に体内のバランスを整えられる。

次は、短時間の運動。20分以内で、リバウンド運動(小さなトランポリンを使用)、ウォーキング、タバタ式トレーニング(なんと4分しかかからない!)などのいずれかひとつを行う。割れた腹筋を手に入れるためではない(それも悪くはないが)。本当の目的は、エンドルフィンを分泌させて幸福感を高めるとともに、コルチゾールやエピネフリンのようなストレスホルモンを分泌させて集中力を高めることにある(しかも、午前中にこうしたホルモンを体内に蓄えておけば、確実に夜の睡眠の質が高まることが研究で明らかになっている)。

最後は、低糖質、高脂質、適量のタンパク質を心がけた朝食だ。

ニュースサイト「Business Insider」の、あるシリーズ企画では、大成功を収めた人々の朝の習慣を公開している。

- ヴェイナーメディア共同創業者兼CEOであるゲイリー・ヴェイナーチャックは午前6時に起床し、ニュースとSNSに目を通した後、トレーナーとともに45分間トレーニングを行う。車で会社に向かいながら、家族に電話をかける。
- 漫画家のスコット・アダムスは、週末や祭日も含め、毎朝同じ日課をこなしている。起床は午前5時だが、「Business Insider」に語ったところによると、「目が覚めたのが午前3時半以降であれば、大差ないと見なして、鼻歌を歌いながらベッドから飛び出す」そうだ。朝食はコーヒーとプロテインバー。
- 起業家であり、「シャーク・タンク」に出演する投資家でもあるケビン・オレアリーは午前5時45分に起床し、ニュースを見ながら45分間エアロバイクをこぐ。
- フォーカス・ブランズ社長のキャット・コールは午前5時に起床し、20分間ソーシャルメディアをチェックしながら、700ミリリットルの水を飲む。20分運動をし、高タンパク質食品を食べる。
- 作家で教授のカル・ニューポートは、午前6時に起床し、コップ1杯の水を飲み、犬と散歩をする。公園にいる間に足を止め、手早く25回懸垂をする。

ハル・エルロッドの朝の習慣

プロの講演家でサクセス・コーチ、作家としても活躍するハル・エルロッドは、朝の習慣のおかげで人生が好転し、成功の確固たる基盤を築くことができた、と評している。それどころか、朝の儀式の力を非常に強く信じており、そのテーマで『人生を変えるモーニングメソッド』という本まで書いている。取材の中で、エルロッドは私に次のように語った。

毎朝起きた瞬間から、きちんと自分個人の成長のために時間を使う。これが『人生を変えるモーニングメソッド』の大前提だ。そうすれば、あるべき姿に達し、考え得るかぎり最高の人生を作り上げることができる。それもおそらく、現在想像しているよりもはるかに速いペースでできるはずだ。今より多くのことを成し遂げたいとなったら、ほとんどの人は「やる」ことを増やそうとする。それに対し、『人生を変えるモーニングメソッド』は、「なる」ことに焦点を置いているため、最初はやることを減らし、最終的には今より多くのことを達成できるようになっている。

自身の研究と経験を通じて、エルロッドは「ライフセイバーズ（Life S.A.V.E.R.S.）」なる仕組みを開発した。

- **S**（Silence）：沈黙、静寂、感謝、瞑想、祈り
- **A**（Affirmation）：目的、目標、優先事項（アファメーション）
- **V**（Visualization）：目標や理想の人生をイメージする（ビジュアリゼーション）
- **E**（Exercise）：運動
- **R**（Reading）：自己啓発書を読む
- **S**（Scribing）：日記などの記録をつける

すでに成功していようと、毎朝最初の60分を自分のために投資すれば、より一層の成功を手に入れられることを、エルロッドの例は強く物語っている。

あなたの朝を変えるメリット

- 起業家なら……「不可侵の60分」の習慣で一日のスタートを切れば、発想も促されるし、起業につきものの困難に見舞われても落ち着きを保てるのでは？
- 管理職なら……「不可侵の60分」の習慣で一日のスタートを切れば、長期間すばらしいキャリアを築くのに必要な心身の健康を手に入れられるのでは？

・フリーランスなら……「不可侵の60分」の習慣で一日のスタートを切れば、1時間あたりの生産性が向上し、一日中、生産性が落ちないのでは？
・学生なら……「不可侵の60分」の習慣で一日のスタートを切れば、試験期間のストレスを軽減できるのでは？
・専業主婦／夫なら……「不可侵の60分」の習慣で一日のスタートを切れば、忍耐力と幸福感が高まるのでは？

■成功者たちの証言

「すっかり定番になった朝の習慣は、真っ先にやる35分の早歩きだ。外に出て、新鮮な空気を吸い、頭をすっきりさせ、気持ちを切り替えるという行為がすべて、すばらしい一日の始まりを約束してくれる」

――ジョン・リー・ドューマス（25万ドル以上の月間売上高を誇るポッドキャスト「EntrepreneurOnFire」創設者兼司会者）

「朝を有効に使おう。最初の2時間にやることはすべて習慣化し、うち30分を、軽い運動とストレッチと瞑想に当てよう」

――ジェフ・ムーア（シーフード会社2社の社長、世界的なマスターマインドグループであるサーズデイ・ナイト・ブラッドルームの創設者）

「私にとって、生産性を高める一番の秘訣は、早起きをすることだ。一日の幕開けを早くすることで、内省と準備の時間が取れる。私はおおむね午前6時半には会社に着くようにしている」

――クリストファー・マイヤーズ（ボーディーツリー共同創業者兼CEO、ウォール・ストリート・ジャーナル、フォーブス、アントレプレナー・マガジン、MSNBCに度々寄稿）

明日の朝の習慣のために、今夜は何時に目覚まし時計をセットしようか？

秘訣⑭

毎日、最初の60分に投資し、心と体と精神を鍛える。

！無料特典「インフォグラフィック『朝を変えて、人生を変える』」→ http://www.panrolling.com/books/ph/ph58.html

15

すべてはエネルギー次第

――12時間分の仕事を8時間で終わらせる真の秘訣とは?

時間は増やせないがエネルギーは増やせる

もし、時間管理の究極の秘訣が、時間とはまったく関係のないことだとしたら、あなたはどう思うだろう?　どうがんばったって時間を操ることはできない。明日だって一日は24時間、今日と同じだ。

いわゆる「時間管理」の話をするときに人々が本当に求めているものは、より少ないストレスで、より多くのことをこなす方法であり、そのためには、実はエネルギーを最大化するのが一番なのだ。

この秘訣は最後の最後に取っておいた。最初のほうで持ち出したりしたら、そもそも読んでもらえないか、気にも留めてもらえないだろうと思ったからだ。しかしこれは、すべてのなかで最も重要な秘訣である。

レッドブル大国

こんな経験はないだろうか？

本を読んでいても、何度も同じ段落を読み返すばかりで内容が頭に入ってこない。

重要なレポートを作成している最中にぼんやりして、何分間も何もせず、時間を無駄にしてしまった。

昼食後の1、2時間、眠くなることがある。それが仕事に差し障っている。

デスクに向かっているときに眠ってしまった。あるいは会議中に眠ってしまった。

みんなでブレインストーミングしているのに、良いアイデアがひとつも浮かんでこなかった。

このほとんどに当てはまる人なら身をもって実感しているだろうが、体のエネルギーと心のエネルギーは別物だ。そして、心のエネルギーは生産性に直接影響する。

■成功者たちの証言

「睡眠を犠牲にしてはいけない。そんなことをすれば、遅かれ早かれ悪い結果を招く。

本来の力を発揮できなくなるし、病気になる」
――ウィル・ディーン（ロンドンおよびリオ五輪のボート競技カナダ代表）

レッドブルの年間売上本数は40億本以上であることをご存じだろうか。また、栄養ドリンク「ファイブ・アワー・エナジー」シリーズのメーカーの年間売上高は6億円を超えると報じられている。国を問わず人々は疲労し、手っ取り早い回復方法を探しているのだ。

たしかに、栄養ドリンクを飲めば多少の間は頭が冴えるかもしれない。しかし、もはや常態化している人も多い慢性的な脳疲労には太刀打ちできない。

モニカ・リナールが生産性を6倍にした方法

私は作家だ。

そして書くのが遅い。これは問題である。なにしろ……私は作家なのだから。

1年ほど前に測定してみたところ、私の執筆ペースは1時間あたり平均500語だと判明した。プロの作家であればたいてい、その2倍は書くものだ。

次の作品（つまり本書）がもっとはかどるように、執筆の「時間管理」をしようと思ったのは自然な流れだった。私は書くべきことをすべて洗い出し、優先順位をつけた。日々本書の執筆に時間を割いているか確認した。気を逸らすものを極力減らし、「ノー」と言う回数を増やした。毎日、毎週、毎月、もっと時間を見つけようとした。それどころか、一部の調査を外部に委託した。

こうした対策はすべて、ある程度は功を奏した。

しかしその後、午前8時頃は執筆がはかどることに気づいた。子どもたちは学校に出かけたし、気分もすっきりしているし、コーヒーも効いている。午前中に作業量をチェックしてみたところ、1時間あたり平均750~1000語。しかし午後、つまり若干疲れて、夜の活動に思考が移っている頃にチェックしてみると、1時間あたり約250語という結果になった。たしかに一日の平均は500語だが、60分という同じ長さの時間でも、そのときの精神状態によって生産性は大いに変わるだ。

■**成功者たちの証言**

「私は、最重要の仕事が一番はかどる時間帯（午前中。小説を書く）、だらけがちな時間帯（会議やポッドキャストの後）、頭を使わない仕事ならなんとかやれる時間帯（午後）を、把握するようにしている。できるだけ多くのことをこなすためではない。いつ何をすべきか工夫しなければならない場面で、そのニーズに自分の能力をうまく適合させるためだ」

――ジョニー・B・トルーアント（高評価のポッドキャスト「Self-Publishing Podcast」共同司会者、『Write. Publish. Repeat.』共著者、計250万語をはるかに上回る大

衆小説の著者)

モニカ・リナールは著書『Write Better Faster』で、執筆ペースが1時間あたり600語から3500語に上がった経緯を公開している。

- 25分書いたら5分休む。このサイクルを繰り返したところ、生産性が50%アップした。短い休憩を入れてリフレッシュすることで、終日、フローに近い状態をより長く保てた。
- 手首と指を痛めていたため、使う道具を見直した。キーボード入力から音声入力に変えたところ、単語数にしてさらに33%の改善が見られた。
- キーボードに縛られなくなってからは、外を歩きながら音声入力で小説を書くようになった。するとさらに単語数が25%アップした。

リナールは執筆の時間を増やすことはできなかったため、時間ではなくエネルギーを増やす方法を考え出した。その結果、それまでの6倍の時間を見つけたのと同等の生産性を獲得したのだ。

■成功者たちの証言

「自分の時間、休息の時間、集中し直す時間をスケジュールすることが大切だ」

――ケイティー・ユーレンダー（トリノ、バンクーバーおよびソチ五輪のスケルトン競技アメリカ代表）

「毎日1、2分でもいいから血液を循環させよう。ちょっとのトレーニングでエネルギーがぐんと上がり、世界を背負うのに必要な酸素が脳に供給される」

――エイベル・ジェイムズ（ベストセラー作家、音楽家、健康系ポッドキャストで最も評価が高い「Fat-Burning Man」の司会者）

「生産性のために睡眠を犠牲にしないこと。『事業を成功させるまではほとんど寝なくてもやっていける』と信じている若手起業家がたくさんいる。しかし睡眠不足になると（というよりも十分な休息により脳内の配線が整理されないと）、鋭さや明晰さが失われてしまう」

――マーク・シッソン（ベストセラー『The Primal Blueprint』著者、プライマル・ニュートリションのオーナー）

生産性が高い人ほど休憩を取る

エナジー・プロジェクト創業者のトニー・シュワルツは、人間にはエネルギー消費とエネルギー補給を一定間隔で繰り返す周波が備わっていると説く。シュワルツの研究によると、人間は本来90分間隔で、集中力とエネルギーがともに最大の状態から、生理学的な疲労状態へ移行する。体は「休息してエネルギーを補給しなさい」という信号を出すが、私たちはそれを押さえ込んで、コーヒーや栄養ドリンクや糖分を取ったり、エネルギーの備蓄を振り絞ったりして、エネルギーを枯渇させてしまう。

そこで、終日90分間隔で水を飲む、歩く、健康的な軽食を食べるといった短い休憩を意識的に取るようシュワルツは提案している。合い言葉は「一波越えたら、1回休む」。

エネルギーには一定の波があるという考え方は、「ポモドーロ・テクニック」を土台としている。これは、フランチェスコ・チリッロ考案の、知名度が上がりつつある生産性向上手法だ（前述したとおり、リナールもこのテクニックを使っている）。

ポモドーロ・メソッドでは、タイマーを25分にセットし、完全に集中した状態で1つのタスクに取り組む。その後、5分の休憩を取り、立ち上がったり、動き回ったり、水を飲んだりする。以降、このサイクルを繰り返す。

全従業員の時間と生産性を記録するソフトウェアを導入したドローギエム・グループでは、ある意外な事実が判明した。生産性で上位10％に入る従業員は、他のどの従業員と比較しても、1時間たりとも多く働いていなかった。むしろ休憩を多く取っていたのである。生産性が高いグループは、平均で、52分働いてから17分の長い休憩を取っていた。

ここまでの例を見るかぎり、25分か52分か90分働き、いずれの場合も、その後で休憩を挟むのがよいようだ。ここで大事なのは、例とまったく同じ分数で仕事と休憩を繰り返すことではなく、「一波越えたら、1回休む」を何分ごとに行うのが最も自分に合っているかを理解することだ。

認知能力は一日の中で徐々に低下していく。だからこそ、こまめに息抜きをして、生産性を回復・維持しなければならない。

■成功者たちの証言

「短時間で一気に効率よく仕事をしよう。長時間（しかもその8割をフェイスブックに費やして）だらだらと働くのはよくない」

——ジョン・ラモス（ポルトガルのコインブラ大学でオールAを収めた学生、情報サイト「The Student Power」ライター）

「何をやるにもタイマーをセットしなさい。期限があるほうが生産性が上がる」

――イアン・クリアリー（マーケティング技術を紹介する受賞歴のあるブログ「RazorSocial」創設者）

「私はどんなタスクも（大嫌いなタスクでさえ）25分で終わらせる自信がある。（中略）先延ばしになっているタスクに気づいたら、tomato-timer.com（無料サイト）を開いてスタートをクリックし、一気にそのタスクに没頭する」

――クリスティー・ミムズ（フォーブス誌の「キャリアに役立つウェブサイト100」に選ばれた「The Revolutionary Club」の創設者）

エネルギーは健康から

心身のエネルギーを総合的に高めたければ、健康に気を遣うのが最も効果的なことは言うまでもない。すでにご存じだと思うが、生産性の鍵として以下が挙げられる。

- 十分な睡眠を取る
- アルコールを極力控える
- カフェインを最小限に抑える（夜遅い時間帯は特に）

・非加工食品を多めに取り、加工食品を減らす
・健康的な体重を維持する
・水をたくさん飲む
・毎日運動する（20分の早歩きが有効！）

■成功者たちの証言

「私の分別を保っているのは昼休みの日課である運動だ。たいていの日は、午後1時までで、すでに7時間働いている。その時点で、エネルギーの補給とリフレッシュが必要なのは明らかだ。エネルギーを補給し、リフレッシュすることで、一日の後半も前半と同様の集中力とエネルギーで対処できる」

――モハメド・デュージ（タンザニアを拠点とするMeTLグループCEO。フォーブス誌によると「アフリカ最年少ビリオネア」）

「ハードなエクササイズを日課にしなさい。私の場合、体の具合がよいときほど、頭が冴え、いいアイデアが生まれるし、普段より多くの成功を引き寄せているように思う」

――J・T・オドネル（キャリアHMOおよびキャリアリアリズムCEO。ウォール・ストリート・ジャーナル、USAトゥデイ、ニューヨーク・タイムズ、ボストン・グローブ各紙などで紹介される）

あなたがエネルギーと集中力を高めるメリット

- 起業家なら……エネルギーと集中力（同じ時間でより多くの作業をこなすのに必要な力）を高めれば、ワークライフバランスがもっと整うのでは？
- 管理職なら……エネルギーと集中力（同じ時間でより多くの作業をこなす力）を高めれば、家族との夕食までに家に帰ることができるのでは？
- フリーランスなら……エネルギーと集中力を高めれば、眠たくなる午後をもっと生産的に過ごせるのでは？
- 学生の場合なら……エネルギーと集中力（同じ時間でより多くの作業をこなす力）を高めれば、一夜漬けの回数が減るのでは？
- 専業主婦／夫なら……エネルギーと集中力を高めれば、家族にもっと根気よく向き合えるのでは？

さて、明日はどうやってエネルギーを高めようか？

秘訣⑮

生産性とは、時間の問題ではなく、エネルギーと集中力の問題である。

16

すべてをまとめたE‐3C方式

――時間管理と生産性向上のための15の秘訣を凝縮し、実行しやすい方式にまとめる方法とは?

■成功者たちの証言

「私は生産性を保つために、言わば自分専用のOS(オペレーティング・システム)を開発し、維持している。OSはプロセスとツールとチェックポイントからなり、それによって毎日の仕事の片づけ方が明確になる。OSの仕様は人それぞれだが、自分のOSを持っていることが重要だ」

――コーベット・バー(起業家向けコミュニティー兼トレーニングプラットフォーム「フィズル」共同創業者兼CEO)

最初に言っておくと、誰にでも効く万能の仕組みは存在しない。なぜなら、生産性を改善するために15の秘訣をすべて取り入れる必要はないからだ。一番大切なのは、大成功した人々の習慣から学んだことを、自分や自分の状況に合った形で取り入れることだ。

あなたがすぐに行動を起こせるよう、私はすべての研究結果を簡略化し、E－3Cという簡潔な方式にまとめた。Eはエネルギー（Energy）、3つのCはそれぞれ、記録（Capture）、スケジュール表（Calendar）、集中（Concentrate）を表している。

エネルギー

第一ステップは、E－3Cの要である「E」、すなわちエネルギーだ。

時間は増やせないが、生産性を上げることはできる。同じ時間で10倍のことを成し遂げる最大の秘訣は、エネルギーと集中力を高めることだ。

大成功した人々は、睡眠を十分に取る。

大成功した人々は、栄養価の高い食品を食べ、運動を欠かさない。

大成功した人々は、朝の習慣を継続している（瞑想、日記、水分の摂取、ヨガなど）。それが、その日一日のエネルギーや明晰さ、集中力の元となっている。

大成功した人々は、最高のパフォーマンスを維持するために、終日にわたって「一波越えたら1回休む」を実践している。

記録

Ｅ－３Ｃの最初の「Ｃ」は記録を意味する。記憶に頼るのではなく、ありとあらゆることをノートに記録するのだ。やるべきこと、かけるべき電話、買うべきものなどを覚えようとすれば、認知的な負荷や不必要なストレスが増える。これは一番ましな結果で、もっと悪ければ、未完了のタスクがいくつも残っているという事態になりかねない。

大成功した人々は、常にノートを携帯し、覚えておきたいことはすべて書き留める。やるべきことはもちろん、電話や会議のメモ、新しいアイデア、学んだ教訓、好きな名言など、将来参照する必要が出てくるかもしれない事柄も記録に残している。

ノートは体の外にある脳だと考えよう。体外の脳に情報を入れるほど、本物の脳に余裕が生まれるのだ！

私は紙のノート（モレスキンのようなタイプ）がベストだと考えている。書き取った内容は、あとでエバーノートに取り込めばいい。その作業を庶務担当者かバーチャルアシスタントにやってもらえれば、さらに申し分ない！

記録するという行為によって、成果も上がりやすくなる。重要なことを忘れなくなるし、他の人の言質を取れるし、記録として蓄積された経験から学びを得られるからだ。

今「ＴｏＤｏ」を書き留めているそこのあなた、できるだけ早く、それを予定としてスケジュール表に入れることを忘れないように。

スケジュール表

Ｅ－３Ｃの2番目の「Ｃ」はスケジュール表である。

このステップで言いたいのは要するに、「ＴｏＤｏリストは使うな！」ということだ。やりたいことがあるなら、さっさとそれをスケジュール表に入れよう。

大成功した人々は、優先事項や最も重要な課題（ＭＩＴ）に通じる価値観をはっきり認識している。あなたもスケジュール表にＭＩＴの時間をタイムブロックしなければいけない。また、自分が優先する価値観（健康、人間関係、社会への利益還元など）の支えとなる活動も、継続的な予定としてスケジュールに入れておくべきだ。

大成功した人々は、日々のテーマもスケジュール化している。職場では、月曜日は1対1の打ち合わせを行ったり、週次のチーム会議を行ったりしてもいいかもしれない。火曜日はノーミーティングデーにしたり、午後に応接時間を設けたりする案が考えられる。家庭では、土曜日を買い出しや洗濯の日、さらには、1週間分の健康的な食事を作り置きする日としてもいいだろう。

大成功した人々は、スケジュールに邪魔が入らないよう気を配る。時間以上に大切なものはないと実感しているのだ。そのため、自分の優先順位にそぐわない物事や人にはすべてノーと言い、とりわけ、「遠くの象」を警戒する。また、断念、委託、再設計のいずれも不可能な場合だけ、自分で地道に対処する。成果の80％に寄与する20％の物事に時間を使い、他は切り捨てる。

集中

E－3Cの3番目の「C」は集中だ。

大成功した人々は、スケジュール表に基づき、先を見越して動く。メールやソーシャルメディアのような刺激に反応したり、即席の会議を要求したりはしない。

また、複数のタスクを同時並行で進めることもなく、いっときにひとつのタスクだけに集中する。

エネルギーが最も高まる時間帯（典型的な例は午前中）に、MITなどの優先事項に集中する特徴がある。

そして一波越えたら1回休むことで、一日中、高い集中力と生産性を維持している。30分から60分ごとに5分の休憩を取る人が多い。

■成功者たちの証言

「一度にやるのは1つだけ。マルチタスクはやめろ！」

――マイク・キャノン・ブルックス（オーストラリアのソフトウェア企業アトラシアン共同創業者）

「『1つのことだけをやり、それが終わってから次に移る』が時間管理の基本原則だ。ということは、勉強中はメールやスナップチャット、ツイッター、インスタグラムなどで気が散らないように、携帯をしまっておかなくてはならない」

――エリザベス・ポブレテ（ザビエル・カレッジ・プレパラトリーに在籍するオールAの学生）

「モバイル機器をどうしたらいいかって？　すべての通知を切っておくことだ。時間があるときか、決めておいた時間帯にしか見ないようにしよう。と言いつつ、私も妻からの着信音は他と違う音にしているが、例外はせいぜいその程度。テクノロジーに操られるな。（中略）自分がテクノロジーを操るのだ」

――ミッチ・ジョエル（世界的なマーケティング・エージェンシーであるミラム社長、『Six Pixels of Separation』『「働く」を再起動する』著者）

やるならいつだって「今」

私は美術品の収集はしない。しかし、芸術家ピーター・タニー作のミクストメディアの絵画を偶然見つけたときは、何としても買わないわけにはいかなかった。それは「やるならいつだって今」というシンプルなメッセージなのだ。

今を逃すな。

意図を持って生きろ。

そう、一日は１４４０分しかないのだから。

17

まだまだある！
時間と生産性にまつわる20のテクニック

ここまでは生産性向上に特に効果がありそうな15の原則をお伝えしてきたが、ここでは、時間を節約するために役立つヒントやテクニックを、さらに20個紹介しよう。

❶料理は必ず何食分かまとめて作る

料理をするという行為には非効率な時間がたくさん含まれている。献立作り、買い物、下ごしらえ、料理、後片づけ。私は料理が好きなのでよく夕飯を作るが、必ず一度に2～3食分作るようにしている。個人的には、3日連続で同じ夕飯（健康的なメニュー）を食べても気にならない。平日の食事は主に、楽しみのためではなく健康のために取るものだと割り切っている。

❷カメラ付き携帯電話を使って、脳の負担を減らす

私の記憶力は恐ろしく低いが、そこから学んだことがひとつある。短期記憶したい事柄は携帯電話に覚えさせればいいのだ。私が写真に撮りそうなものをいくつか挙げると、ホテルの部屋番号、車を止めた場所、おいしいワインのラベル、友人から見せてもらった本の表紙、大量の字で埋め尽くされたホワイトボード、パーキングの引換券、といったところだろうか。写真を使えば手軽にストレスを減らせるし、部屋や車を探し回るちょっとした時間を節約できる。

❸携帯電話の音を消し、通知をすべて切る

「仕事中は気が散るものを排除しよう」と本書は一貫して訴えてきたわけだが、パソコンや携帯電話などのけたたましい通知音にわざわざ気を取られるのは、まったくもってばかげている。私の携帯はいつもマナーモードに設定してある。例外は、子どもが夜間に外出していて、緊急時に確実に電話に出られるようにしたいときだけ。ツイッターやフェイスブックのメッセージ、あるいはパソコンのメールが届くたびに通知を受け取る必要など、まったくないはずだ。

❹朝食には健康的なプロテインシェイクを飲む

まさに今、朝食を抜こうとしているそこのあなた。コーヒーとドーナツを買うためにスターバックスやダンキンドーナツに立ち寄っているそこのあなた。よく覚えておいてほしい。朝食は、いかに手短に済ませるかではなく、いかにその後の生産性を上げるかが重要だ。プロテインシェイクを飲めば、午前中いっぱいエネルギーと注意力が維持される。代謝も上がるため、実は朝食を抜いた場合よりもカロリーを多く消費する。それに、ドーナツ店に駆け込む時間があるなら、その間にシェイクが作れる。むしろ店の前に駐車し、店に入り、列に並び、コーヒーが出てくるのを待ち、店から出るという一連の行動と比べれば、シェイクを作るほうが早い。

❺テレビは絶対に生で見ない

なぜなら、コマーシャルが入っているから。コマーシャルを飛ばせるよう、見たい番組はとにかくすべて録画しよう。スポーツの生中継か、リアリティー番組の最終回でもないかぎり、実際の放送時間帯にテレビを見る必要はないのでなかろうか。

❻テレビを一切見ない!

経営および営業を専門とするストラテジストであり、基調講演者であり、『マーケティングとＰＲの実践ネット戦略』『Newsjacking』など10冊の著書を持つベストセラー作家でもあるデビッド・マーマン・スコットは、本書の取材に次のように答えた。

ニールセンによると、平均的なアメリカ人は月に158時間もテレビを見ている！1年に換算すると1896時間。なんてことだ。それだけの時間があれば、たいそうな本が書けるし、会社を立ち上げることだってできる。割れた腹筋を手に入れたいだって？それならテレビを見ていないで運動しろ。テレビをやめれば1年で2000時間近く稼げる。想像してみてほしい。2000時間あれば、どれだけのことができるか！

❼運転時間を有効活用する

1年間に一体何時間、車を運転しているか考えてみてほしい。通勤、顧客訪問、離れた実家への帰省。片道30分の通勤時間でさえ1年では200時間以上、つまりほぼ10日分に相当する。

通勤時間になると反射的に「〝デッドタイム〟がやって来た」と思い、お気に入りの曲の音量を上げて自分の世界に入ってしまう人が多い。そんなことはやめて、かけなければいけない電話がなかったか考えてみよう。仕事関係の電話でも、家族への電話でもいい。あるいは日々のニュースを把握できるようなポッドキャストを聞いたり、ハウツー系のプログラムを聞いたり、外国語を勉強したりしてはどうだろうか。

もちろん、優れた番組を簡単に見つけられる「スティッチャー」のようなアプリを使ってもいいし、さらに時間を節約したければ再生速度を2倍速にしてもいいだろう。

❽電話をかける場合は必ず事前に約束を取る（もちろん社交目的の場合は別）

何の前触れもなく電話をかけたら相手が留守番電話だったということ、結構あるのではないだろうか？「もしもしジェーン、販売会議の結果が聞きたくて電話しました。折り返してください」。その後、ジェーンが電話をかけてくるが、今度は自分が忙しくて留守番電話になる。「ジェーンです。電話があったので折り返しました。また電話をください」。これが延々と続く。まるで留守番電話のピンポンゲームだ。

こんなことはやめて、スケジュール管理ソフトの招待状を送信するか、次のようなシンプルなメールを送ろう。「ジェーンへ。販売会議の結果を聞きたいので電話で話しましょう。明日11時はどうですか？　都合が悪ければ、候補の日時をいくつか出してください」。この「いくつか」というところがポイントだ。この言葉を入れておけば、互いのスケジュールの空きを探してメールのピンポンゲームに陥ることはない。

❾忙しい時間帯に世間と交わるのは極力控える

この秘訣を実践すれば1週間では何十分、1年では何時間もの時間の節約になるだろう。単にやるべきことをやる時間帯をずらすだけのことだ。食料品の買い出しは、混雑する土曜日の朝ではなく、金曜日の夜か日曜日の早朝に行うといい。遠隔地の顧客の訪問予定を決めるときは、自動車通勤のラッシュアワーに重なりそうな時間帯を避けよう。そして、昼休みに銀行に行かないこと。

⑩ディスプレイを2台使う

パソコンで行う仕事を最大限に効率化したければ、2台目のディスプレイを追加するのが一番手っ取り早い。ディスプレイが2台あれば、2つのウィンドウを切り替える必要が一切なくなる。

私の場合、ひとつのパソコンにディスプレイを1台、もうひとつのパソコンにディスプレイを2台つなげて仕事をしているので、正確に言えば3台のディスプレイが同時稼働している。しかし2台だけでも色々なことがやりやすくなる。たとえば、インターネットで調査資料を見ながら文書を作成する。ひとつのウィンドウでプログラムを表示させながら、もう一方のウィンドウでバグを修正をする。集中して仕事をしなければならないタイミングでなければ、一方のウィンドウでメールのトラフィックを追ったりスケジュール表を参照したりしながら、もう一方のウィンドウで建設的な作業をすることだってできるのだ。

⑪やめることリストを作る

偉大なるビジネス思想家ジェームズ（ジム）・コリンズがこれまでに何度も言ってきたことがある。「やめること」リストの重要性は、ＴｏＤｏリストに勝るとも劣らない。

2003年にコリンズが書いた記事では、一流企業が「やめること」を決めるまでの経緯や、新年の抱負としてやめることリストを作成するコリンズ自身の様子が語られている。やることを簡略化し、最小限に抑えれば、心にもスケジュールにも余裕が生まれ、大きな仕事を成し遂げられるようになる。

⑫終了時間をみんなに思い出させる

一時期、大企業のCEOの下で働いていたことがある。その際、新たに大きな任務をいくつか引き受けたところ、早々に私ひとりでは手が回らなくなり、CEO付きの秘書がつきっきりのサポートを申し出てくれた。そんな2週間の最後に、秘書がこう言った。「あなたに必要なのは、きちんと終了時間を守ることです。予定以上に長居させられてはだめですよ」。なんとも的確なアドバイスである。

それ以来、会議や特に電話をするときは、毎回最初にこう言うことにしている。「始める前に確認しておきますが、30分の予定ですから、3時きっかりに終了しましょう」。その会議が成り行き任せの気軽でのんびりした会議ではないことを、全員に周知するためだ。10分、15分だけの予定で会議や電話をする場合は、特にこの秘訣が重要になってくる。

⑬生産的な人たちとつきあう

ばかげたことに思えるかもしれないが、効果はとても高い。職場の親友が、いつもランチに90分かけるような人だと、自分も同じようになってしまう可能性が高い。個人的につきあっている仲間たちが、日常的にハッピーアワーに行き、前の晩のリアリティー番組の内容について語り合っていれば、自分も同じ行動を続ける恐れがある。

職場の内外を問わず、もっとレベルの高い人々とつきあえないか考えてみよう。何らかの理由で、生産的な時間管理の達人を周りで見つけられない場合は、ネットで交流するという手がある。私はフェイスブックで起業家、作家、ランナーなど数々のグループに参加している。刺激し合い、生産性の秘訣を共有し、成功への道筋を踏み外さないよう励まし合える人々と交流するのに、ネットほどうってつけの手段はない。

⓮「ひとりにさせてほしい」と周りに伝える

２０１３年９月11日付のウォール・ストリート・ジャーナル紙で報じられたとおり、仕事の最大の敵は、メールやインスタントメッセージではない。人から「ちょっといいですか」と割り込まれることだ。

したがって在宅勤務をする場合は、「仕事であることに変わりはないのだから邪魔しないでくれ」という意志を家族にはっきり伝える必要がある。仕事部屋なら「立ち入り禁止」「○時までは仕事中」といった貼り紙をドアに貼ったり、ブースなら入り口を黄色い立ち入り禁止テープでふさいだりしてはどうだろうか。社長をやっている人は、全社的に静かに過ごす時間を一日に2～3時間設けられないか検討してみよう。

⑮バースデーカードはまとめて買う

あなたは友人や家族の誕生日が来るたびにカードを買いに出かけていないだろうか？　必要になったらその都度、お悔やみのカードを買っていないだろうか？　次に買いに行くときは、1年に必要な枚数にかかわらず、カードを10～20枚、切手を1シート買い、いつでも使えるように引き出しにしまっておこう。こうすれば、店に足を運ぶ15分を、1年で何回節約できることか。

⑯請求書の支払いは自動に

もし請求書の支払いを1～2週間ごとに、昔ながらのやり方で（小切手と切手を使って）やっているとしたら、それは大変な時間の無駄である。さっさと自動支払いの手続きをしよう（ポイントが付くので、可能なかぎりクレジットカードでの支払いにしたほうがいい）。残高不足にならないよう、口座には少々余分にお金を残しておく必要があるが、そのような非効率な現金がほんの少し発生するだけで料金支払いにかかる時間をゼロにできるなら、やる価値は十分ある。

⑰知らない番号からの電話には出ない

自分の電話帳にない番号からかかってきたのであれば、それが友人や家族、大口顧客からの電話ということはまずないはずだ。相手はセールスマンか、あなたの番号を聞いた友達の友達である確率が高い。それに、たとえ知り合いからの電話だったとしても、予定を決めてから電話をかけ直すのが最良策だ。

⓲仕事関連のコーチ、メンター、マスターマインドグループを見つける

時間管理のアドバイスとしては異例に聞こえるかもしれないが、その道の先輩たちと関係を持つことは、大きな時間の節約になる（もちろん、お金の節約にもなるし、フラストレーションも減る）。

⓳コンテンツは複数のチャネルで配信する

『エピック・コンテンツマーケティング』の著者ジョー・ピュリッジは次のように助言している。「あらかじめコンテンツの展開方法を計画しなさい。ほとんどの人は『ブログを書く』とか『フェイスブックに投稿する』といった戦術に目を向ける。しかし一番いいのは、ストーリーに目を向け、そのストーリーをどれだけ多くの手段（記事、ブログ、本、オンラインセミナー、複数のソーシャルメディアへの投稿、電子書籍、ポッドキャストなど）で伝えられるかを考えることだ。事前にその計画を立てるだけで、相当な時間を削減できる」

⑳完璧を目指すより、まず終わらせることを肝に銘じる

ソフトウェア開発者はよく「完璧よりもリリースを目指すべし」と口にするものだ。そしてバージョン1・0を出したらすぐ、つぶしきれなかったバグを修正するためにバージョン1・1を出し、1・2を出し……という具合に、リリースが延々と続く。作家である私は、一冊の本に時間をかけようと思えば、いくらだってかけられる。新たな題材やアイデアを取り入れたり、表現を練ったり、やれることはたくさんある。しかし、いつまで経っても出版されない本より、不完全でも出版された本のほうが、世間にとっては価値があるのだ。

■成功者たちの証言

「私は何事にも余計な時間はかけない。毎日違う腕時計をつけているが、時刻合わせの時間すら取らない。できるだけ早く、できるだけ多くのことをこなし、くだらないことには一切時間をかけない。それでしくじったら、そのときは戻って後始末をする」

――グラント・カードン（ニューヨーク・タイムズ紙ベストセラー著者、営業のエキスパート、4つの企業の創業者）

18

7人のビリオネアに学ぶ時間管理の秘訣

「ビリオネア」。この言葉を口にするだけで、人々は注目する。地球上の人口が70億人であるのに対し、10億ドル以上の資産を持つ人、つまりビリオネアはわずか1645人（フォーブス誌による）。

自力で大成したビリオネアは、私たちと違う働き方をしているのだろうか？　ビリオネアになるのに役立った時間管理や生産性に関するコツを、ビリオネアは知っているのではないか？

私は18人のビリオネアに接触を図ったが、驚いたことに、そのうちの7人から（簡潔なものではあったが）返事が届いた。この回答率（4分の1）は、古株のミリオネアと新興企業のCEO、計800人の回答率と同じである。しかもマーク・キューバンは、私がメールを送信してから、なんと61分足らずで返事を寄こした（ああ、そのとおり。計算したとも）。

7人というのは分析対象の集団としては数が少ないかもしれないが、7人のビリオネアのうち3人が会議に関する助言を挙げている点は、注目に値するのではないだろうか。朝に会議を入れない。週一日は会議のない日を作る。「小切手を切ってもらえないなら、会議はしない」（キューバン）。アドバイスはそれぞれ異なるにしても、ビリオネアはみな、会議の弊害に留意している。

また、特に起業家に対しては、「マルチタスクは危険」「セルフケアが必要」「自分の成功に重要でない物事に足を取られてはいけない」といった声が挙がった。

ここからは、時間管理と生産性に関するアドバイスを、ビリオネア自身の言葉で語ってもらおう。

■ネイサン・ブレチャージク：エアビーアンドビー共同創業者。本書の取材に対してネイサンは、もともとウェブメディア「ライフハッカー」に掲載されていた自身の助言を紹介してくれた。

私はスケジュール表を逆方向から、つまり一日の最後からさかのぼる形で埋めるようにしている。そして朝は「実作業」のために時間を確保するようにしている。午前中は比較的集中しやすいのに対し、会議攻めになった後は、それがもっと困難になると自覚しているからだ。したがって会議はなるべく午後に回す。

■マイク・キャノン・ブルックス：世界中に3万5000以上の顧客を持つ、オーストラリアのエンタープライズ・ソフトウェア企業アトラシアン共同創業者。生産性に関するブルックスのアドバイスはこれだ。

一度にやるのはひとつだけ。マルチタスクはやめろ！

■マーク・キューバン：NBAダラス・マーベリックス、マグノリア・ピクチャーズ、ランドマーク・シアターズのオーナー、AXS TV会長、テレビ番組「シャーク・タンク」に出演中。本書のために、キューバンは生産性について次のアドバイスを送ってくれた。

小切手を切ってもらえないなら、会議には出席するな。

■モハメド・デュージ：タンザニアを拠点とする企業MeTLグループCEO、フォーブス誌は彼を「アフリカ最年少ビリオネア」と呼んだ。

自分の時間を作ることは心の健康を保つのに不可欠であり、言うまでもなく、心の健康は成功と密接につながっている。私個人の経験に基づいて言わせてもらうと、新たな試みに着手してレベルが上がるにつれ、最良のエネルギーレベルと集中力を維持するのは次第に困難になっていく。特に、何百ものメールに目を通したり、次々と会議に出席したりを一日中交互に繰り返していれば、一日が進むにつれ目が疲れ、頭の回転が遅くなるのも、ごく当然のことだ。

私の分別を保っているのは昼休みの日課である運動だ。たいていの日は、午後1時までで、すでに7時間働いている。その時点で、エネルギーの補給とリフレッシュが必要なのは明らかだ。エネルギーを補給し、リフレッシュすることで、一日の後半も前半と同様の集中力とエネルギーで対処できる。

快活さを保ち、バッテリーを充電する方法は人それぞれだ。方法は問わないが、ともかくその方法を見極め、そのための時間を作らなければいけない。私は駆け出しの起業家には決まって、この助言に従うよう強く勧める。なぜなら、成功の鍵を握っているのは、はつらつとした精神だからだ。

■アンドリュー・メイソン：ディーツアー共同創業者、グルーポン共同創業者兼元CEO。

特定のアドバイスをひとつするよりも（アドバイスは山ほどあるが、どれも長々と説明するほどのものではないので）、ただ次のように言っておこう。私の経験では、そういう習慣を身につけるために自分を制しているかどうかが、勝者と敗者を分ける。

私よりも頭がよさそうなのに、能力的には劣って見える人が結構いる。やると決めたことをきちんと守れているかを振り返り、どう改善を重ねるか考える、自制心と自信（またはどちらか）がないのだ。本当に、ただそれだけのことだと思う。それが私にとっては少々歯がゆい。自制心や自信について真剣に考える人がなぜこんなに少ないのか、理解できないからだ。

ビジネスゲームでキャラクターを作るとき、割り振れるキャラクター・ポイントが10ポイントあるなら、私は3ポイントを知性に、7ポイントは自制力に割り当てる。

■ダスティン・モスコービッツ：チームの生産性改善アプリ「アサナ」共同創業者、フェイスブック共同創業者。

自分自身やチームが、会議などに一切邪魔されず個人の仕事に専念できる日を、1週間に一日設けることだ。アサナでは、社内の集中と生産性を促進するため、毎週水曜日をノー・ミーティング・デーとしている。

■**マーク・ピンカス**：ジンガ共同創業者兼ＣＥＯ。

優れた商品を生み出したければ、労働時間の50％以上を商品開発につぎ込むこと。ユーザーや会社の利益になると言える正当な理由がないかぎり、講演依頼は引き受けてはならない。

秀逸な時間管理がビリオネアになる鍵である点に異論はないだろう。しかし、ビジネスの成功の頂点に一気に上りつめた人々の知恵は、確実に私たち個人の成長も加速させてくれるに違いない。

19

13人のオリンピック選手に学ぶ時間管理の秘訣

オリンピック選手はいかにして集中力、自制心、エネルギーを維持しているのか？　スポンサーのいない選手は、トレーニングや家族としての義務をこなしながら、どうやってアルバイトをしているのだろうか？

オリンピック選手はおそらく他のどのグループよりも、刻々と過ぎる時間と戦っている人々ではないだろうか。オリンピックは4年に1回。一日過ぎるごとに大舞台が迫ってくる。そしてその舞台では、たった1秒がメダルの行方を左右することだってあるのだ。

私が取材した他のグループと同様、オリンピック選手も、すべてをスケジュール化すること、優先順位を明確にすることが大切だと強調した。

このグループならではの特徴は、睡眠の重要性と、回復の必要性を指摘する声が多かったことだ。時間だけでなく、エネルギーを最大化することが、選手にとっての最重要事項なのだ。

体操選手のシャノン・ミラーは「仮眠を取りなさい」、ボート選手のウィル・ディーンは「最高の自分でいるためには、ダウンタイムも少しは必要だ。昼寝を後ろめたく思わないように」と言っているし、スケルトン選手のケイティー・ユーレンダーは「自分の時間、休息の時間、集中し直す時間をスケジュールすることも大切」とアドバイスしている。また、自転車競技の選手クリス・カーマイケルは「休息はおそらく時間管理のなかで最も見落とされ、軽視されている側面だろう」と考えている。

取材した全オリンピック選手のアドバイスを以下に紹介する。

■サラ・ヘンダーショット：ボート競技のアメリカ代表選手。2012年ロンドン大会に出場。

明日をどんな一日にしたいかは、それを決められるエネルギーと集中力があるときに決めるようにしている。そういうときには基本的に、どんな一日にする必要があるか、ToDoリストにどう取り組み、各タスクにどれくらいの時間を割り当てるのかといった構想を練る。そうしておけば、タスクに取り組んでいる最中に何かを判断しなくてはならないことが、かなり減る。

私は携帯用に、このモレスキンの小さなノートを使っている。トレーニングの記録をつけたり、仕事のメモを取ったり。自宅の本棚はひとつ丸々、古いノートでぎっしり埋まっている。過去の記録を遡りたくなることがしょっちゅうあるからだ。

実は、カレンダーやスケジュール帳は使わない。ノートにメモを取っていくと、自然とそこに予定も含まれることになるからだ。だからたとえば、「午前7時30分に帰宅したら、7時30分から8時まではこれこれのメールを書き、8時から8時15分まではこれこれの資料を更新する」という感じで予定を書き込む。

オリンピック選手である以上、参加できないものや断らなくてはならない場面、イベントはたくさんある。今ではもうほとんど、「ノー」と言わなくてはならないことに慣れた、と言える状態になりつつある。これは単に自分の限界を知り、その限界を引き上げすぎないよう、うまく調節できるようになっただけのこと。なにしろ私がけがをしたり病気になったりするのは決まって、無理しすぎてしまったときだからだ。

■**シャノン・ミラー**：1992年バルセロナ大会、1996年アトランタ大会の体操女子アメリカ代表。計7つのメダルを獲得。アメリカ史上最も多くのメダルを獲得した体操選手。

トレーニング中は、家族との時間、雑用、勉強、オリンピックに向けた練習、メディア出演といった様々なタスクのバランスを取るために、かなり具体的なスケジュールを立てていた。優先順位を決めないとやっていけない。

どうしてもこの時間にやらないといけない、というものがいくつかあって、たとえばトレーニングは午前7時～8時、そして午後3時半～8時半。学校は午前8時～午後2時半。この時間はずらせない。それ以外の時間に他のことを、目標達成に重要なものから優先的に配置していく。最も重要なのは、予定を書き出すことだ。

今ではほぼ分単位でスケジュールをつけている。こうすれば、活用しきれていないすきま時間があることに気づくはず。たとえば、飛行機やバスの中で宿題をやる。インターネットに1時間使うくらいなら、仮眠を取って回復を促す。あなたも日々、そして毎日、目標に近づくための活動に集中して。一瞬も無駄にしないで。

■**ウィル・ディーン**：ボート競技のカナダ代表選手。２０１２年ロンドン大会、２０１６年リオ大会に出場。

こういう紙のスケジュール表を用意したほうがいい。携帯で予定を組むのも悪くはないけど、携帯には紙のような一覧性がないから。

本当に忙しいなら、「断ったら申し訳ない」なんて考えないことだ。今後も人から常に時間を求められるだろうし、ひとつひとつの予定はちっぽけに見えても、そういう予定が一気にいくつも重なってしまうことだってある。運動と健康を最優先し、この2つに支障がないものだけを予定に追加するべきだ。

また、よい時間管理とは、一日中成果を出し続けることではないと心得よう。ベストコンディションであるためには、ダウンタイムも少しは必要だ。昼寝をしたり、少しテレビを見たり、散歩に出かけたりすることを後ろめたく思わないように。

睡眠を犠牲にしてはいけない。そんなことをすれば、遅かれ早かれ悪い結果を招く。本来の力を発揮できなくなるし、病気になる。

■ブリアナ・スカリー：サッカー女子アメリカ代表チームの正ゴールキーパー。1996年アトランタ大会、2004年アテネ大会の金メダリスト。

価値のあることを成し遂げるには、一点集中が絶対に欠かせない。スポーツであれ、学問であれ、ビジネスであれ、高レベルのことを達成するには、目標達成に対する揺るぎない執念と自信が必要だ。私たちの社会における偉業はすべて、この本質のもとに実現している。

オリンピックの約半年前からは、金メダルという最終目標につながるかどうかで、すべてを判断した。一日数回、ごくシンプルにこう問いかけた。「これをやったら、パフォーマンスが向上して金メダルに近づくか？」

この問いかけが、私を正しい方向に導いた。たとえその活動が、一日休みを取ることであろうと、より俯瞰的な視点を得るために少しの間、練習と距離を置くことであろうと、目標を常に意識していたからこそ、その達成に最善の行動を選択できた。また、どの判断が正解なのかが明確になるため、焦点がいっそう絞り込まれ、自制しやすくなった。

■ロイ＝アラン・バーチ：競泳のバミューダ代表選手。２００８年北京大会、２０１２年ロンドン大会に出場。

この競技の頂点に立つには強い自制心が必要だ。すさまじい量のトレーニングに毎日を捧げ、トレーニング以外の時間は、次のトレーニングに向けて体力を最大限に回復させることが重要になる。(中略)従うべきスケジュールを詳細に作り込んでおくと、日々を最大限に活用しやすくなる。その場になってから「次は何をするべきだろう？」と考えるのではなく、事前に計画された、必要なトレーニングや休憩を実施するだけで済むからだ。

世界中には、必死にトレーニングをしているスポーツ選手が何千人もいるのだから、いかに時間を有効活用するかが勝負のしどころになる。その日その日に、自らの力で一番の成果を出せるのは誰か。個人競技においては、この点が個々の選手の成功を大きく左右する。

■ケイティー・ユーレンダー：スケルトンのアメリカ代表選手。２００６年トリノ大会、２０１０年バンクーバー大会、２０１４年ソチ大会に出場。

時間を上手にやりくりする上では、アジェンダを持つことがひとつのキモと言える。つまり、その日の焦点とその週の目標を明確にするのだ。トレーニングと競争の絶えないスポーツ選手が、心身ともにベストな状態でいるためには、休息がとてつもなく重要になる。単に休息するだけでなく、自分の時間、休息の時間、リフレッシュする時間をきちんとスケジュールすることが大切だ。

また、競技スポーツの世界に身を置いているなら、直面した障害に順応し、打ち克つ能力が求められる。結局のところ、長期目標ではなく目標達成のプロセス全体を見たときに、どれだけ遂行できているか、変化にどれだけ適応できているかに尽きる（プロセスは徐々に展開していくもので、決して完璧ではないので）。

こつこつとトレーニングを重ねる鍵は、完璧には到達できないと悟ることではなく、完璧を追い求めること。つまり自ら進んで学び、困難を克服し、ひいては解決策を編み出すことにある。とても地道なプロセスだが、まっとうな道を一歩一歩集中して歩いていれば、自分の刻んだ足跡が見えるはずだ。

■アンドルー・ウェイブレクト：スキー競技のアメリカ代表選手。２０１０年バンクーバー大会で銅メダル、２０１４年ソチ大会では銀メダルを獲得。

私にとって、時間管理はある意味、「管理」というよりも、目の前にある機会をあきらめるか、利用するかという問題になってくる。私の競技は、移動という意味でも、練習や試合という意味でも、とてもエネルギーを消耗する競技なので、トレーニングや試合の最中はそれだけに集中し、競技をしていないときは競技から完全に離れるようにしている。だから私にとっての時間管理とはむしろ、時間を効果的に切り分け、ほぼすべての瞬間を、オフや休憩の時間か、競技の時間のどちらかに割り振ることだ。

■エリン・ハムリン：リュージュのアメリカ代表選手。２００６年トリノ大会、２０１０年バンクーバー大会、２０１４年ソチ大会に出場し、ソチでは銅メダルを獲得。

トレーニングに関して言えば、私はとにかくいつもトレーニングを優先してきたから、そのための時間を作りやすかったんじゃないかと思う。おかげで、他のことを後回しにすることもできた。トレーニングのほうが重要だとはっきりしているわけだから。

■クリス・カーマイケル：１９８４年ロサンゼルス大会の自転車競技アメリカ代表選手。

休息はおそらく時間管理のなかでも最も見落とされ、軽視されている側面だろう。量よりも質を優先するよう、私たちコーチはトレーニングのなかで選手たちを指導すべきだし、選手は選手で、トレーニングの質を高めるために、ハードな練習をしたら次の練習まできちんと休み、体力を回復させなければいけない。したがって、休息はトレーニングをしていない状態ではなく、むしろトレーニングの一部と言える。

■トビー・ジェンキンズ：２００４年アテネ大会の水球オーストラリア代表選手。現在は、ウェブ戦略およびデジタル・マーケティング企業ブルーワイヤー・メディアＣＥＯ。

あなたにとって信用と賞賛に値する仕事をしている人、とりわけ、あなたがやりたいと思っていることをすでにやっている人を見つけなさい。その人たちに助けを求めて、その人たちのアドバイスを自分の立場に当てはめてみよう。１時間の節約になるとか、そういうレベルの話じゃない。目標に到達するまでの時間を年単位で削減できる可能性がある。

選手人生全般にわたって、私は水球のコーチに恵まれた。もっとも、コーチそれぞれに強みと弱みがあったが、それはともかく、具体的な課題があるなら、具体的な答えが必要だというのが、私の認識だった。

筋肉をつけたいときには、水球のコーチではなく、フィジカルコーチに意見を聞いた。そのコーチは円盤投げと砲丸投げをやっていて、私の知り合いのなかで誰よりも早く体重を増やした経験があったからだ。

試合前で緊張しているときには、何百もの国際試合を経験しているキャプテンに話を聞き、キャプテンが試合前に行っている習慣からヒントをもらった。

泳ぎのスピードと持久力を上げたいときは、当時のオーストラリアのトップスイマーたちを指導していた、ある水泳コーチのもとへ足を運んだ。

どれもごく当然のことのように思えるかもしれないが、直面している課題を常に具体的に意識し、助言をもらうのに最適な人物を見つけることだ。それによって、私の学びは桁違いに加速した。かつての選手生活や学生生活から、今の社会人生活に至るまで、どれだけ時間の節約になったか計り知れない。

■ジュリー・マクドナルド：競泳長距離自由形のオーストラリア代表選手。1988年ソウル大会で銅メダル獲得。

私にとっての時間管理とは、スケジュール化のこと。スケジュール化しないと他のことに気を取られて生産性が低くなる。だから私は運動も、慈善活動や仕事、遊びも、時間割に入れている。おかげで常に規則正しい生活をしている。

■**スコット・ダンバーグ：**陸上競技、競泳、重量挙げのアメリカ代表選手としてパラリンピック5大会に出場。現在はダイエット専門施設、プリティキン長寿センターのフィットネスディレクター。

パラリンピックに5回出場した選手として見つけた、トレーニングと私生活を両立させる秘訣を教えよう。必要なトレーニングと、私生活上の様々な任務や義務を思い描き、それをすべて空想上の棚に並べるんだ。ただの棚じゃない。長い棚で、可動式の仕切りが複数ついている。その仕切りを使って、時の流れとともに、タスクを分割したり、タスクの優先順位づけを行ったり、配置変更をしたりできるんだ。

仕事や学校といったタスクの仕切りは固定されている。何日の何時にやるかが事前にわかっていて、生活と将来のためにどうしても果たさなければならない義務だからだ。それ以外の家族サービスや余暇活動などは時間の仕切りが柔軟で（とはいえ、ある程度決まった場所に配置されているかもしれないが）、日時や時間帯を動かすことができる。

同じように、スポーツのトレーニングにもやや固定気味の仕切りはあるが、ほとんどの仕切りは、家族サービスや余暇活動とのバランスを取るために、柔軟に動かせるようになっている。ここが最も重要なポイントだ。スポーツ一筋にならなければ、と信じている人がいるかもしれないが、スポーツで成功するためには、私生活とのバランスを取ること、特にスポーツ以外の楽しみを持つことが、トレーニングそのものと同じくらい重要になってくる。

「棚」の中の配置が、ずっと最初のままということはない。何しろシーズンと大会が近づくにつれ、トレーニングの優先順位は高まり、トレーニングに必要な時間も増える。棚の固定エリアの状態に変わりはないから、変わるのは可動エリアだ。残念ながら試合に向けたトレーニングを行うために、スポーツ選手は、家族サービスおよび（または）余暇活動の時間に切り込まざるを得ない。

このように、時には家族や余暇の時間を減らさなくてはならないのが選手生活の残念な面ではあるが、その代わり、そういう生活を家族が支持してくれるのであれば、家族はスポーツでの成功に大いに助けになる。家族の理解を得ている選手は、トレーニングに専念するために、家族や余暇の時間を犠牲にすることをいとわない。その代償を正当化するために、何としてもスポーツ選手として成功してやるという熱意と原動力があるからだ。

■**ビンス・ポセンティー：**スピードスキーのカナダ代表選手。１９９２年アルベールビル大会に出場。現在はビッグ・ゴールズ・ファスト・インスティテュートＣＥＯ。著書にニューヨーク・タイムズ紙ベストセラー『The Age of Speed』がある。

毎日の始まりに、5つのMIT（特に重要なこと）を書き出し、まずそれを片づけよう。時間を最も無駄にする行為は何かと言えば、何でもかんでもやろうとすることだ。競争の激しい環境下ではそれが特に大きな時間の無駄になる。スポーツの世界でヒーローになるのは、ジムやバッティング・ケージやリンクで人より長く練習する人々だ。

とはいえ、もっと能率的な方法もある。なぜ私がオリンピックに行けたのか。ライバルたちがやろうとしないことをやったからだ。必ずしも大げさなことではない。たとえば空気力学の本を読む。スキー板の製法を学ぶ。スポーツ政治学の教授に話を聞く。一日2時間以上、バイオフィードバック療法やフローティング・タンク、催眠プログラム、瞑想などを取り入れながら、イメージトレーニングを行う。そして3週間ごとにメンタルトレーニングに関する最先端の本を読む。

たとえ次のオリンピックに向けてトレーニング中でなくても、目標を達成しようと奮闘しているとき、人は間違いなく競争に参加している。あなたも、オリンピック選手たちの時間管理と生産性のヒントを活かして、自分のゴールに近づこう。

20

29人のオールAの学生に学ぶ時間管理の秘訣

マサチューセッツ工科大学（ＭＩＴ）やハーバード大学でオールAを取り続けるのに必要なものとは何だろうか？　複数の部活や多彩な活動に参加しつつ、高校でオールAを取る秘訣とは？　私が取材した学生たちのアドバイスは多岐にわたった。実に多くの回答があったため、本書でそれを一言一句、忠実に載せることはできない。そこで、よく出てきた言葉を出現頻度順に並べてみよう。

ソーシャルメディアを避ける
スケジュール表を使う
優先事項に専念する

異性との交際はあきらめる
テレビを見ない
友達との時間を予定に入れる
リラックスする時間を予定に入れる
手書きでノートを取る
ポモドーロ・テクニック
短期目標を設定する
長期目標を設定する

学生として高い生産性と成功を達成する方法は決してひとつではない。私は自身の家庭内でそのことを実感させられる。2人のティーンエイジャーの娘はどちらもオールAを取っているが、その勉強習慣はまったく異なるのだ。ひとりは音楽を聴きながら勉強をするが、もうひとりは勉強中に音楽を聴いたりしない。ひとりは宿題をひとつ片づけた〝ごほうび〟としてSNSをチェックするが、もうひとりはSNSの誘惑を避けるために別の部屋に携帯電話を置いている。

他グループと最も異なる点を挙げると、このグループは、SNSへの言及が非常に多い。ほとんど全員がスナップチャットやインスタグラム、フェイスブックの誘惑について触れ、そうしたものをついやってしまう事態を避けるため、特定のアプリ（セルフコントロールやステイフォーカストなど）を使うよう勧める人も多かった。

またオールAの学生たちは、「スケジュール表を使う」「優先順位を明確にする」といったおなじみのアドバイスにとどまらず、誘いの断り方も知っていた。人づきあいをしない、勉強仲間としかつきあわないといった提案は極端に思えるが、それも、トップレベルの成績を収めるには必要な代償なのかもしれない。

21

239人の起業家に学ぶ時間管理の秘訣

イノベーター、リスクを恐れない人、夢を追っている人、実業界の大物、自力で大成した億万長者……この人たちの別名が「起業家」である。複数の義務を同時に果たすプレッシャーをこれほど感じているグループは他にないだろう。ほとんどの起業家は売上だけでなく製品開発も統括している。それだけではない。顧客サービスに資本調達、ポッドキャストに本の執筆、会議でのスピーチ。起業家はどうやってそんなに高い生産性を維持しているのだろうか?

起業家たちに時間管理と生産性について尋ねたところ、計2万5000語もの回答が集まった。一言一句を載せるには多すぎる数である。

回答者も回答も非常に多様である以上、当然ながら、そこから生産性を向上させるための「たったひとつの正解」を導き出すことは不可能だ。

しかし、起業家たちから戻ってきた回答を見て驚いたのは、朝の習慣の重要性を指摘する人が実に多かったことだ。この現象は、まったくもって自発的なものだ。「あなたの朝の習慣は?」とか「あなたには朝の習慣がありますか?」といった質問をこちらからしたわけではないのだ。だから、時間管理の秘訣に対する回答として、朝の習慣を挙げる人の多さには、本当にびっくりさせられた。

他にも、達成したいことをすべてスケジュール化することがどれほど重要か、メールを管理しきれなくなることがいかに危険か、集中がどれほど大事か、などのテーマが挙がった。このグループの辞書に「マルチタスク」という言葉は存在しないのだ。

付録1

あなたの時間管理の特性診断

私が提供するレポート「時間管理スタイル評価（ＴＭＳＡ）」では、あなたの時間管理の行動パターンを綿密に分析した結果がわかる。時間管理をマスターする上では主に、明確な優先順位と計画の仕組み（テレーズ・メイカン博士が１９９４年に行った革新的研究に基づいた仕組みを使うこと）という、２つの要素が重要になる。この2領域における現在の能力レベルを把握すれば、改善すべき部分がはっきりし、生産性を向上させられるだろう。

以下のサイトの質問に答えて、あなた専用のレポートを受け取ろう。

www.KevinKruse.com/time

付録2

時間管理の名言ベスト110

1.「昨日は歴史。明日はミステリー。今日という日は贈り物。今日が『present（現在）』と呼ばれるのはそのためだ」――エレノア・ルーズベルト（第32代アメリカ大統領フランクリン・ルーズベルトの妻、婦人運動家）

2.「待っていてはならない。完璧な好機など永遠に訪れない」――ナポレオン・ヒル（アメリカの自己啓発作家）

3.「人のために時間を費やした一日は、自分のために時間を使わなかった一日である」――チャールズ・ディケンズ（イギリスの小説家）

4.「平気で人生を1時間無駄にする人は、人生の価値をまだ知らないのだ」――チャールズ・ダーウィン（イギリスの自然科学者）

5.「愚か者が一番後回しにすることを、賢人はただちに実行する。どちらもやることは同じ。違うのはタイミングだけだ」――バルタサル・グラシアン（17世紀スペインの哲学者、神学者）〔8・77〕
6.「これが人生最後の一日だと思って毎日を生きろ」――マルクス・アウレリウス（第16代ローマ皇帝）
7.「偉業はすべて時間を要するもの」――マヤ・アンジェロウ（アメリカの作家、人権運動家）
8.「人が自分のものと呼べるのは唯一、時間だけだ。たとえ他に何も持っていない人であろうと、時間だけは与えられている」――バルタサル・グラシアン〔5・77〕
9.「明日の花はすべて、今日蒔いた種から咲く」――中国のことわざ
10.「時節にかなった発想は、世界中のすべての軍隊にも勝る」――ヴィクトル・ユーゴー（フランスの詩人、小説家、政治家）
11.「時間には慎重に向き合いなさい。時計を見るのと朝日を見るのとではわけが違う」――ソフィア・ベッドフォード＝ピアース（アメリカの作家）
12.「やりたいことがあるなら、いずれチャンスが訪れると信じよ」――ウィリアム・モリス・ハント（アメリカの画家）
13.「1分遅れるくらいなら、3時間早いほうがまし」――ウィリアム・シェイクスピア（イギリスの劇作家）〔51・78〕

14.「終業時間ばかり気にしている人には、やりどきというものが絶対にないようだ」――ジェームズ・キャッシュ・ペニー（アメリカの大手百貨店JCペニー創業者）

15.「怠け者にだけはならないと心に誓え。時間を1分たりとも無駄にしない人は、時間が足りないなどと愚痴をこぼすことはない。決して怠けなければ、誰しも驚くほど多くのことを成し遂げられる」――トーマス・ジェファーソン（第3代アメリカ大統領）

16.「動くことと進むことを混同するな。揺れている木馬は動き続けてはいるが、ちっとも前には進んでいない」――アルフレッド・A・モンタパート（アメリカの作家）

17.「過去にとらわれず、未来を夢見ず、今この瞬間に集中しなさい」――ブッダ

18.「暦にだまされるな。1年の本当の日数とは、1年のうち自分が活用できる日数だ。1年で1週間分の価値しか得られない人がいる一方、1週間で丸1年分の価値を得る人もいる」――チャールズ・リチャーズ（カナダの政治家）

19.「餌をやるべきゾウがいるなら、アリを踏みつけている場合ではない」――ピーター・トゥルラ（時間管理の専門家、著述家、元NASAのロケット設計者）〔22・44・54〕

20.「時間がかかることを恐れて達成を尻込みするな。どのみち時間は過ぎていくのだ。その過ぎゆく時間を、とにかく使えるだけ使えばいい」――アール・ナイチンゲール（アメリカの作家、基調講演者）

21.「時間が足りないなどと言うな。あなたに与えられた一日の時間は、ヘレン・ケラー、パスツール、ミケランジェロ、マザー・テレサ、レオナルド・ダ・ヴィンチ、トーマ

ス・ジェファーソン、アルバート・アインシュタインとまったく同じなのだ」――H・ジャクソン・ブラウン（アメリカの著述家）

22.「10セントの価値しかない決定に1ドル分の時間をかけるな」――ピーター・トゥルラ〔19・44・54〕

23.「人生を愛するなら、時間を浪費してはいけない。人生は時間の積み重ねなのだから」――ベンジャミン・フランクリン（アメリカの政治家。建国の父のひとり）〔32・49・83・90・107〕

24.「たとえ正しい道にいたとしても、ただ座っているだけなら轢かれてしまう」――ウィル・ロジャース（アメリカの作家、社会評論家、コメディアン）〔28〕

25.「おそらく時間に対する愛情ある配慮ほど、成果を上げている人を際立たせるものはない」――ピーター・ドラッカー（経営学者、マネジメントの父）〔74・96〕

26.「移りゆく時や世界に逆らってはいけない。変化は人生の法則。過去や現在にしか目を向けない人は、確実に未来に乗り遅れることになる」――ジョン・F・ケネディ（第35代アメリカ大統領）

27.「時間をうまく使えれば、恋愛と商業と戦争においてすべてを手に入れられる」――ジョン・シェビア（18世紀イギリスの風刺作家）

28.「それまで生き急ぎ、節約しようとしてきた時間を、これからは何に使うか。私たちの人生の半分は、この答えを見つけることに費やされる」――ウィル・ロジャース〔24〕

29.「今回は普段より長い手紙を書いた。もっと短い手紙を書く時間がなかったからだ」——パスカル（フランスの哲学者）

30.「彼は、何もしていない時間があるような自由人には見えない」——キケロ（古代ローマの政治家、哲学者）

31.「よい生き方をしている者は長生きする。そして、役に立たなかった時間とは、生きなかった時間ではなく、浪費した時間のことである」——トーマス・フラー（イギリスの聖職者、歴史家）

32.「朝が遅い人は、一日中小走りしなくてはならない」——ベンジャミン・フランクリン〔23・49・83・90・107〕

33.「時間を手に入れる人は、すべてを手に入れる」——ベンジャミン・ディズレーリ（イギリスの政治家、小説家）

34.「無駄にした時間を最も嘆くのは、最も賢い人である」——ダンテ（イタリアの詩人）

35.「私は過去のことは考えない。重要なのは、絶え間なく続く現在だけだ」——サマセット・モーム（イギリスの小説家）

36.「1分1分を大切にすることをお勧めする。時間のほうは時間が自分で世話をするだろうから」——チェスターフィールド卿（イギリスの政治家）〔47・65〕

37.「床のモップがけに忙しくて蛇口を閉める暇がない」——発言者不明

38.「多くのことは、最後の1分にならなければ片がつかない」——マイケル・S・トレ

イラー（アメリカの弁護士）

39. 「時間を有効に使いたいなら、一番重要なものを理解し、それに自分の持っているものをすべて投資しなければならない」――リー・アイアコッカ（元フォード社長、元クライスラー会長）

40. 「現実世界においては、ここぞというときに、ここぞという場所で物事が発生することはない。それを訂正するのがジャーナリストと歴史家の仕事である」――マーク・トウェイン（アメリカの作家）

41. 「実のところ、自分が選んだことをやるための時間は大概作れる。足りないのは時間ではなく意志だ」――ジョン・ラボック卿（イギリスの銀行家、政治家）

42. 「はるか先を見るのは誤りである。一度に対処できる運命の鎖は1本だけだ」――ウィンストン・チャーチル（イギリスの元首相）

43. 「羊として千年生きるより、虎として一日生きよ」――チベットのことわざ

44. 「急いで間違ったことをするよりは、遅くても正しいことをしたほうがいい」――ピーター・トゥルラ［19・22・52］

45. 「本当に重要なことは、たった今この時間をどう過ごすかだ。もし、これまでの時間とのつきあい方にうんざりしているなら、その方法を変えるべきだ」――マーシャ・ウィーダー（アメリカの作家、講演家、ドリーム・コーチ）

46. 「忙しいだけではアリと変わらない。何のために忙しくしているのかが問題だ」――

ヘンリー・デイヴィッド・ソロー（アメリカの作家、詩人）[106]

47.「時間の真価を知れ。一瞬一瞬をつかみ取り、捉え、味わうのだ。無為に過ごすな。やるべきことをさぼるな。先延ばしにするな。今日できることを、決して明日に延ばすな」――フィリップ・チェスターフィールド卿 [36・65]

48.「失った時間は二度と取り戻せない」――ことわざ

49.「今日やれることを明日に延ばすな」――ベンジャミン・フランクリン [23・32・83・90・107]

50.「富を失ったら懸命に働けばいい。知識を失ったら勉強すればいい。健康を失ったら禁酒するか薬を飲めばいい。しかし時間は、一度失ったら永遠に戻ってこない」――サミュエル・スマイルズ（イギリスの作家、『自助論』著者）

51.「時を活用せよ。好機を逃してはならない」――ウィリアム・シェイクスピア [13・78]

52.「優先順位を決めずに時間を管理するのは、手当たり次第に鉄砲を撃ち、何かに当たったら『これが私の狙っていたものだ』と主張するようなものだ」――ピーター・トゥルラ [19・22・44]

53.「お金がほとんど尽きるまで、お金にまったく注意を払わない人がたくさんいる。そして時間に対してもまったく同じようにする人が多い」――ゲーテ（ドイツの詩人、小説家）[58・60]

54.「お金はすばらしいものだ。しかしその代償は非常に高くつく可能性がある」――ア

レクサンダー・ブロック(アメリカのオーケストラ指揮者、作曲家)
55.「お金なら得ることも失うこともできる。しかし時間は失う以外にない。だから、私は時間を慎重に使う」――発言者不明
56.「昨日という日に今日を使い切らせるな」――リチャード・H・ネルソン(アメリカの聖職者)
57.「経験を賢く活かせるなら、どんな経験も時間の無駄にはならない」――ロダン(フランスの彫刻家)
58.「私たちのものだと言えるものは、唯一、時間だけである」――ゲーテ[53・60]
59.「時間を使いこなせるようになれば、今から言うことが実感できるだろうが、ほとんどの人は1年でできることを過大評価し、10年でできることを過小評価する」――アンソニー・ロビンズ(アメリカの自己啓発作家)
60.「うまく使えば、時間は常に十分ある」――ゲーテ[53・58]
61.「有終の美にたどり着いた価値ある仕事は、やりかけの仕事50件分の価値がある」――マルコム・フォーブス(元フォーブス誌発行人)
62.「どうやって時間をつぶすかしか考えないのが凡人、どうやって時間を使うか考えるのが偉人である」――発言者不明
63.「今この瞬間、自分が生み出しているものを理解しよう。あなたは今、自らの次の瞬間を創造している。それが現実だ」――サラ・パディソン(アメリカの作家)

64.「休憩を取りなさい。休ませた畑には、美しい作物が実る」――オウィディウス（古代ローマの詩人）

65.「1分1分に気を配りなさい。そうすれば時間のほうは時間が自分で世話をするだろう」――チェスターフィールド卿［36・47］

66.「悪い知らせは、時間は飛び去っていくこと。良い知らせは、あなたが時間のパイロットだということ」――マイケル・アルシュラー（アメリカの講演家、生産性向上コーチ）

67.「成功者と失敗者を分けるのは、たった一言だ。成功者はこの言葉を使わない。『時間がなかったんだ』」――フランクリン・フィールド（イギリスの政治家）

68.「重要なのは、時間を費やすことではない。時間を投資することだ」――スティーブン・R・コヴィー（アメリカの経営コンサルタント、『7つの習慣』著者）

69.「一番重要な問いかけは、『それによって自分はどう変わるのか？』である」――ジム・ローン（アメリカの起業家、自己啓発作家、サクセス・コーチ）［73・98・108］

70.「遅刻につながる最も確実な条件は、時間がたっぷりあることだ」――レオ・ケネディ（カナダの詩人、批評家）

71.「始めるなら今だ。何をやるにしても、遅すぎるということは決してない」――カール・サンドバーグ（アメリカの作家、詩人）［85］

72.「時間の無駄遣いも、心から満喫したなら無駄ではない」――バートランド・ラッセ

ル（イギリスの哲学者）

73.「自分のやることを楽しむ者にとっての最悪の日は、楽しまない者にとっての最良の日よりもましである」――ジム・ローン〔69・98・109〕

74.「もともとやらなくてもよいものを効率よく行うことほど無駄なことはない」――ピーター・ドラッカー〔25・96〕

75.「今という時間は、すべての時間と同様、とてもいいものだ。扱い方さえ知っていればの話だが」――ラルフ・ウォルドー・エマーソン（アメリカの思想家）〔105〕

76.「時間の使い方が下手な者は、真っ先に『時間が足りない』と言う」――ジャン・ド・ラ・ブリュイエール（フランスの作家、モラリスト）

77.「時間と私の両者は大事を成し遂げた」――バルタサル・グラシアン〔8・5〕

78.「たとえ荒れ狂う嵐の日でも、時間は足早に過ぎ去っていくものだ」――ウィリアム・シェイクスピア〔13・51〕

79.「歳を重ねるにつれ、時は多くの教訓を与える」――アイスキュロス（古代ギリシャの悲劇詩人）

80.「時は人を癒やすのが得意だが、人を美しくするのは苦手だ」――ルシル・ハーパー（アメリカの著述家）

81.「時は偉大な教師だ。しかし残念ながら、生徒を全員殺してしまう」――ルイ・エクトル・ベルリオーズ（フランスの作曲家）

82.「時間とは、我々が持っているもののなかで、最も貴重にして最も壊れやすいものである」――ジョン・ランドルフ（アメリカの政治家）

83.「時は金なり」――ベンジャミン・フランクリン〔23・32・49・90・107〕

84.「時間は万人に与えられたまさに唯一の資産であり、誰であろうと無駄にする余裕などない唯一のものである」――トーマス・エジソン（アメリカの発明家）

85.「時間は人生という貨幣である。それはたった1枚しかない。使い方を決められるのは自分だけだ」――カール・サンドバーグ〔71〕

86.「時とは、青春という馬を馴らす騎手である」――ジョージ・ハーバート（17世紀イギリスの詩人）

87.「人は時という学校に学び、時という火に焼かれる」――デルモア・シュワルツ（アメリカの詩人）

88.「時ほど賢明なる助言者はなし」――ペリクレス（古代ギリシャの政治家）

89.「時間とは、我々が最も欲しがりながら、最も無駄にしているものである」――ウィリアム・ペン（米ペンシルベニア州を建設したイギリス人）

90.「失った時間は二度と取り戻せない」――ベンジャミン・フランクリン〔23・32・49・83・107〕

91.「時は英雄を生むが、有名人を溶かす」――ダニエル・J・ブーアスティン（アメリカの著述家、歴史学者）

92.「時間は、活用するつもりのある者のところには十分留まってくれるものだ」――レオナルド・ダ・ヴィンチ（ルネサンス期イタリアの芸術家）

93.「時間はお金を奪うが、お金で時間は買えない」――ジェームス・テイラー（アメリカのミュージシャン）

94.「同時に2つのことをやるのは、どちらもやらないのと同じである」――プブリウス・シルス（古代ローマの喜劇作家）

95.「何かをやろうと思い立っても、あまりにぐずぐずしていると、たいていやらずに終わるものだ」――エバ・ヤング（アメリカの医師）

96.「時間を管理できるようにならなければ、何事も管理できない」――ピーター・ドラッカー [25・74]

97.「自分自身を尊重するようになってはじめて、自分の時間を尊重するようになる。自分の時間を尊重するようになってはじめて、その時間を何かに活かすようになる」――M・スコット・ペック（アメリカの精神科医、作家）

98.「くだらないことに多くの時間を割き、大事なことに少しの時間しか費やさないのはもうやめるべきだ」――ジム・ローン [60・73・108]

99.「いつでもやれることは、いつになってもやらないものである」――スコットランドのことわざ

100.「説得するときは、3分の1の時間を使って、自分自身と自分の言いたいことについ

て考える。残りの3分の2の時間は、相手と相手の言いたいことについて考える」――エイブラハム・リンカーン（第16代アメリカ大統領）

101．「最高の瞬間であろうと最悪の瞬間であろうと、それは私たちが手に入れた唯一の時間である」――アート・バックウォルド（アメリカのユーモア作家）

102．「私たちが先延ばしをしている間に、人生は私たちを置きざりにして突っ走る」――セネカ（古代ローマの哲学者）

103．「仕事の量は、完成のために与えられた時間を満たすまで膨張し続ける」――シリル・パーキンソン（イギリスの歴史学者、政治学者）

104．「過去は変えられない。しかし、未来を案じて現在を台無しにすることはできる」――発言者不明

105．「親切にするのに早すぎることはない。あっという間に手遅れになるのだから」――ラルフ・ウォルドー・エマーソン［75］

106．「永遠を失わずに時間をつぶすことはできない」――ヘンリー・デイヴィッド・ソロー［46］

107．「あなたは遅れるかもしれないが、時間は遅れない」――ベンジャミン・フランクリン［23・32・49・83・90］

108．「あなたは次の2つのうち、いずれかの腕を磨かなくてはならない。春に種を蒔くか、秋に物乞いをするか」――ジム・ローン［60・73・98］

109.「時間が見つかることなど決してない。時間が欲しければ作るしかない」──チャールズ・バクストン（イギリスの作家、政治家）

110.「小さなことをやっているときにも、大きなことを考えなければならない。そうすれば、その小さなことはすべて正しい方向に進む」──アルビン・トフラー（アメリカの評論家、作家）

［ ］内の数字は同じ人物の他の名言を示す。

「＃１４４０」を広めよう

今よりもっと生産的になり、自分のための時間が増えるような何かを、本書からひとつでも学んでいただけただろうか？　もしそうなら、その言葉が広まるよう協力してもらいたい。

時間や生産性について考えたことや気づいたこと、疑問などを、「＃１４４０」を付けてツイッターやフェイスブック、インスタグラムに投稿しよう（一日は１４４０分しかないことをお忘れなく）。そして「＃１４４０」で検索して、他の人の言葉もチェックしてみよう。

また、他の人にも自分の人生を取り戻してもらいたいなら、以下の方法も試してほしい。

①過労で参っている友人に本書を貸す
②従業員のために本書を購入する
③読書会に本書を推薦する

④会社のイベントや会議での講演を、私、ケビン・クルーズに依頼する

ケビン・クルーズと追求する「並外れた生産性を生み出す方法」

組織の生産性が劇的に向上すると同時に、従業員のワークライフバランスも改善される！　そんなワークショップと講演の依頼はこちらから。

・メール：info@kevinkruse.com
・電話：（０１）２６７-７５６-７０８９

■著者紹介
ケビン・クルーズ（Kevin Kruse）
ニューヨーク・タイムズ紙ベストセラー作家、フォーブス誌寄稿者、基調講演者。複数の数百万ドル規模の企業の創業者。「フォーチュン500」企業のCEOのほか、海兵隊将官、連邦議会議員を指導している。
アメリカンドリームを求め、22歳で最初の会社を起業。昼夜なく働き、ワンルームの事務所で暮らし、毎日YMCAでシャワーを浴びる生活を１年続けた後、巨額の負債を抱えて挫折。しかし「一意専心のリーダーシップ」と「分単位の時間管理」に目覚めてからは、複数の会社を起業し成功。「インク500」および「Best Place to Work（働きやすい会社）」へのランクインを果たしている。

ホームページ：www.KevinKruse.com
リンクトイン：www.linkedin.com/in/kevinkruse67
フェイスブック：www.facebook.com/KruseAuthor
ツイッター：@Kruse
インスタグラム：kevin__kruse

■訳者紹介
木村千里（きむら・ちさと）
上智大学文学部英文学科卒業。システムインテグレーターにてシステム開発および英文抄訳に従事したのち、フリーランス翻訳者となる。訳書に『ウォートン・スクールの本当の成功の授業』（ディスカヴァー・トゥエンティワン）、『ウェルビーイングの設計論』（共訳／ビー・エヌ・エヌ新社）がある。

■翻訳協力：株式会社トランネット　http://www.trannet.co.jp/

2017年9月3日 初版第1刷発行
2018年4月2日 第2刷発行
2018年6月3日 第3刷発行
2020年4月2日 第4刷発行
2024年2月1日 第5刷発行

フェニックスシリーズ ㊿

1440分《ふん》の使《つか》い方《かた》
——成功者たちの時間管理15の秘訣

著　者　ケビン・クルーズ
訳　者　木村千里
発行者　後藤康徳
発行所　パンローリング株式会社
〒160-0023　東京都新宿区西新宿7-9-18　6階
TEL 03-5386-7391　FAX 03-5386-7393
http://www.panrolling.com/
E-mail　info@panrolling.com
装　丁　パンローリング装丁室
印刷·製本　株式会社シナノ

ISBN978-4-7759-4181-2

ケン・ブランチャード

“1分間シリーズ”とシチュエーショナル・リーダーシップ R の生みの親であり、著述家、大学教授、コンサルタント、ビジネストレーナー。米マサチューセッツ大学アマースト校ではリーダーシップ理論と組織行動を教えている。リーダーシップ、モチベーション、マネジメント改革をテーマに多数の著書を発表。代表作に、社会現象を巻き起こした“1分間”シリーズ（各界のリーダーたちと共著）など。

1分間マネジャーの時間管理

働きすぎを解消する仕事のさばき方

定価 本体1,300円+税　ISBN:9784775941119

上司は時間に追われて、
部下は時間をもて余す……
これってどうして!?

現場では優秀だった社員が昇進して管理職となったとき、陥りやすい状況がある。「働いても働いても仕事がなくならない」「がんばっているのに成果が上がらない」などがそれだ。

自分はほとんど動かずに、部下を上手に動かして輝かしい成果を上げる方法とは？

ウィリアム・オンケンJr、ハル・バローズとの共著。

1分間モチベーション

「仕事に行きたい！」会社にする3つのコツ

定価 本体1,300円+税　ISBN:9784775941126

社員が仕事を楽しむ会社は業績がいい！


「明日、会社に行きたくない」たいていのビジネスマンは、誰でも一度はこういう思いを抱いたことがあるだろう。

長期的に業績を上げるために必要なことは、部下のあら探しや作業の極端な効率化ではない。従業員のやる気はパフォーマンスも上げるのだ。

ずば抜けたパフォーマンスを上げる3つの秘訣「リスの精神」「ビーバーの行動」「ガンの贈り物」とは？

シェルダン・ボウルズとの共著。

ロザモンド・ストーン・ザンダー

カウンセラー、家族療法士。リーダーシップ、人間関係、効果的行動のモデルを開発し、社会人向けに創造性を高める実践的理論を提唱。

ベンジャミン・ザンダー

1979 年にボストンフィルハーモニー管弦楽団を創設。同楽団で指揮者を務める。同楽団によるベートーベンとマーラーの全曲集のライブ録音は有名。ボストンのニューイングランド音楽院では三十年間教鞭を執る。

人生が変わる発想力

人の可能性を伸ばし自分の夢をかなえる12の方法

定価 本体1,500円+税　ISBN:9784775941072

欲しいものは
すでにあなたの手のなかにある！

ニューイングランド音楽院講師、同音楽院ユースフィルハーモニック管弦楽団指揮者を経て、79年にボストンフィルハーモニック管弦楽団を立ち上げ、現在も活躍中の著者ベンジャミン・ザンダー。その経験から得たリーダーシップ、コーチングは、97年の世界経済フォーラム（ダボス会議）の先進国首脳陣に向けた講演で、人の可能性を引き出す独自の発想として話題を呼んだ。セラピストのロザモンドと、ベンジャミンが「思い込みを抜け出し、発想を転換し、新しい視点を得る12の手法」を発見したエピソードを実例とともに紹介する。

靴会社がアフリカのある地域にふたりの調査員を送り、
進出先として有望かどうかを調べた。

↓

ひとりは次のような電報を打った。

絶望的。誰も靴を履いていない

↓

もうひとりは意気揚々とこう報告した。

すばらしい商機。誰も靴を持っていない

仕事や人間関係で問題が発生しても、それはあなたの思い込みにすぎないことがたくさんある。
難しく見える問題も、新しい視点で見ればきっと解決策がある。
いや、その瞬間に解決の必要すらなくなるかもしれない。
可能性を実現する12の手法は、誰かに変化をうながしたり、自分を矯正するのとは違う。ありのままを受け入れ、視点を少しだけ変えることで、競争や不足、自分や世間を縛る常識から解放されて、新しい枠組みを作り上げることだ。仕事、教育、恋愛など、すべての悩める人に新しい道を開く光となるだろう。